U1011773

JINGZHUN
BIAODA

精准表达：

开口就能说重点

沈子涵 编著

成都地图出版社

图书在版编目(CIP)数据

精准表达：开口就能说重点 / 沈子涵编著. -- 成都 ：
成都地图出版社有限公司，2019.4(2025.5 重印)
ISBN 978-7-5557-1167-4

Ⅰ. ①精… Ⅱ. ①沈… Ⅲ. ①语言艺术-通俗读物
Ⅳ. ①H019-49

中国版本图书馆 CIP 数据核字(2019)第 064241 号

精准表达：开口就能说重点
JINGZHUN BIAODA：KAIKOU JIU NENG SHUO ZHONGDIAN

编　　著：沈子涵
责任编辑：游世龙　高　利
封面设计：松　雪
出版发行：成都地图出版社有限公司
地　　址：成都市龙泉驿区建设路 2 号
邮政编码：610100
印　　刷：三河市泰丰印刷装订有限公司
开　　本：880mm×1270mm　1/32
印　　张：6
字　　数：136 千字
版　　次：2019 年 4 月第 1 版
印　　次：2025 年 5 月第 8 次印刷
定　　价：35.00 元
书　　号：ISBN 978-7-5557-1167-4

版权所有，翻版必究
如发现印装质量问题，请与承印厂联系退换

前　言

把话语化繁为简，是一个艺术活儿，也是一个技巧活儿。会说话就是能把话说到点子上，开口就能讲重点，把自己的观点清晰地传达给对方，即学会精准表达。 而不会说话的人则总是迷失于繁杂、冗长、毫无重点的话语中，让听者头疼，让自己烦恼。 学会精准表达，将意味着：

1. 有的放矢，让你摆脱讲话没重点的烦恼

如果你的话没有重点，相信没有人会愿意听你的长篇大论，并且重复、冗长的话语还可能给听者造成困惑和误导，让人听得一头雾水，不知道你到底想要表达什么。 而精准表达的好处就在于能将话语中的有效信息罗列出来，给听者一个清晰、明了、有重点的思维逻辑。

2. 意思表达到位，谈吐打动人心

话语的有效性在职场、商场中的作用毋庸置疑，如果你是一位推销员，你的目的是在与客户短时间的接触过程中把你产品的特点清晰、明了地展示出来，并让客户觉得“哦，这就是我需要的产品”，而做到这一点，你的每句话都应该是有

效的，都必须表达到位，你的谈吐也必须能打动人心，而想要达到这样的效果，学学精准表达的技巧，便会豁然开朗。

3. 让你把话说得明白、说得到位、说得得体、说得出色

朱自清说过这样一句话：“人生不外言动，除了动就只有言，所谓人情世故，一半儿是在说话里。”说话是一门艺术，会说话是一种修养。 在日常生活中，人情世故的考验自然不会少，比如如何拒绝他人不伤面子；如何说服他人不伤和气；祸从口出，怎样说话不伤人；面对他人的问话，如何回答不失礼……总之，生活需要我们把话说得明白、到位、得体、出色，这样才能在职场左右逢源、如鱼得水，在商场所向披靡，立于不败之地，在情场进退有度，收获幸福。

本书能帮助你解决不善表达的烦恼，让你的话语变得有重点、有力量，却又不失精简的意味，为此，你将会学会怎样用简洁的话表达自己的观点，怎样更好地拒绝、说服他人，怎样让自己的提问变得有价值，怎样把话说到对方的心坎里……当然，阅读本书，你不仅可以学习到书中诸多实用性的表达技巧，还能从一个个故事或是事例中得到智慧的启迪，掌握人生的智慧！

2019 年 4 月

目　录

CONTENTS

第六章　面临尴尬，如何表达有学问

第一章

话不在多，抓住重点才是关键

话不在多，在于是否有力量

1936 年 10 月 19 日，我国著名的文学家鲁迅积劳成疾，不幸病逝，举国为之惋惜而悲痛，不久之后公祭大会举行。

整个会场气氛压抑，空气好像铅块一样，公祭快结束时，邹韬奋发表演讲。邹先生走到台前，清了清嗓子，看到眼前站满了强忍悲痛之心的人，他缓缓说道："今天天色不早，我愿用一句话来纪念先生：许多人是不战而屈，鲁迅先生是战而不屈。"说罢便离开了。

邹韬奋在公祭大会上的这一句话演讲，在当时的上海被人们誉为最具特色、最具力量的演讲。在天色已晚，人心透亮的情况下，不论说什么都只会让悲伤的人更悲伤。但是这一句话的演讲，分明让我们感受到话里蕴含着极为丰富的内容——既有对当时政治战线、思想战线、文化战线上"不战而屈"的投降派的谴责，又有对鲁迅先生勇敢战斗、决不屈服的可贵品格的赞颂。哀而不伤，悲而不怨，既表达了对鲁迅先生的追思，又鼓舞了人心，给人以力量，“不战而屈”和“战而不屈”，同样的四个字用不同的组合方式，老辣地批评了那些屈服的人，赞颂了鲁迅这样刚毅的人。这极其精练的一句话不到20个字，对比鲜明，使高尚者更高尚、卑微者更卑微。

仅仅不到20个字，就能富含这么多作用，体现这么多内容，可见，说话并非越多越好，言简意赅，说到点子上才是关键。

生活中不乏话多的人，每到他说话的时候都会絮絮叨叨说不停，以为这样才能体现语言的力量。其实不然，话越多，说的话就越没价值，就越没力量。

据史书记载，子禽曾经请教老师墨子：“老师，一个人话说多了有没有好处呢？”墨子回答他说：“话说多了能有什么好处呢？这就好像池塘里的青蛙，它们整天地叫，即使叫得口干舌燥，也从来没有人注意它们；但是雄鸡却不一样了，它们只在天亮的时候叫两声，大家听到鸡啼就知道天要亮了，于是都注意到它们。所以说，话说多了没用，要说在点子上。”子禽听后恍然大悟。

墨子的话告诉我们一个道理，我们说话，不在多而在精，只要能说到点子上，几句话就能解决问题。我们应该用最洗练的语言表达我们的意思。语言的精彩与否不在于话的多少，而在于是不是简练有用，是否能解决问题。

有一个误区是，很多人常常认为，好的口才是指能说会道、口若悬河、滔滔不绝，其实这是不对的。相反地，喋喋不休不仅仅会暴露我们的缺点，还会让我们显得缺乏诚意，因此容易受到别人的轻视和怀疑以及产生一些其他负面的看法。

真正口才好的人，说话往往清晰明了、逻辑严谨。事实上，口才好的体现就是让对方在短时间内听明白你的意思，而能够达到这一点的关键，就是语言简练。

有一次，艾森豪威尔将军应邀参加一个社团的演讲。在他之前，已经有五名演讲者逐一发言，其中不乏滔滔不绝的长篇大论。最后终于轮到艾森豪威尔将军上台了，那时已经将近天黑，台下许多听众都筋疲力尽，昏昏欲睡。艾森豪威尔环顾四周，说道：“在我前面的几位先生的演讲十分精彩，加起来可以构成一篇耐人寻味的长篇小说了，我实在没有能力再加一个字，可是这篇文章应该加上一个标点符号，这样才显得完美，就让我来为这篇长篇小说加上一个结束的句号吧！”艾森豪威尔将军说完，就潇洒地走回到自己的座位上，结果，他的话语博得了满堂的喝彩。

鲁迅先生曾经说过：“时间就是生命，无端地空耗别人的时间，无异于谋财害命。”说话简洁能给别人一种生机勃勃、聪明利索的感觉。现代社会节奏快，时间观念强，每个人都追求生活的高效率，简单明了的交谈，能让我们迅速完成对话的目的——或是要了解什么，或是要说明什么。

那么，我们如何才能做到说话言简意赅呢？实际上，很简单，我们可以从以下几方面着手：

首先，要注重培养自己分析问题的能力。透过现象看本质，只有我们对一件事情了解透彻后，才能分清这件事情中什么是重要的、什么是不重要的、这件事的内核是什么，掌握了这些，我们再向别人表述时才知道哪些内容要说、哪些内容是可以不说的。

其次，我们要尽可能多地掌握一些词汇。中国文化博大精深，有时候一个特定的词语就包含了丰富的意思，如果能扩充这样的词汇库，那么，就会精练你的语句，还让你显得很有文化。

最后，说话一定要条理明晰。如果遇到复杂的问题，三言两语说不清，那就分条来说，在说每一条内容时抓住重点，这样，虽然信息量很大，内容很复杂，但是逻辑是清晰的，每一条内容是洗练的，所以能够很好地让人理解和接受。

值得注意的是，我们虽然强调说话的简练，但是一定要把问题说明白。不能为了少说而不说，说话简明并非过于简单，这就要求我们言之有物。同时，我们也要注意说话态度，不要给人以“爱搭不理”的印象。

总之，说话言简意赅，能帮助我们提高沟通效率，减少沟通成本，既可以节省时间，又可以让别人觉得你可靠可信，值得与你沟通。

话有价值，一句能顶一万句

我们说话如同做事一样，不在于我们做了多少事，而在于你做的事所带来的效益。说话也不在于你说了多少，而在于你说的话是否有价值、有意义，只要话有价值，一句能顶万句，但是话没有价值，万句也顶不了一句。

话不在多，而在于是否精练，是否一针见血、鞭辟入里、一语中的。现在生活节奏很快，我们都希望迅速解决问题，那么就要求我们说话一定要精练，切忌长篇大论，否则就会让人没有听下去的欲望，即使听下去，不是犯困就是迷糊，心中还会怨恨你，浪费了大家的时间。

文坛巨匠茅盾曾经说过："与其啰唆而长，毋宁精练而短。"唐朝刘禹锡也早有诗云："千淘万漉虽辛苦，吹尽狂沙始到金。"这都说明说话精练的重要性。

在生活中，我们经常会看到类似的场面：妈妈三番五次地对孩子说："你要把你自己的屋子收拾干净。"可孩子仍然将妈妈的话当作耳旁风，把屋子搞得一团糟；妻子不知疲倦地劝解丈夫："你该戒烟了。"可丈夫依然置若罔闻，吞云吐雾……造成这些现象的原因，很大一部分就是，作为劝者的妈妈和妻子说得太多了，就是刺激过多、过强、过久，已经超过了听者可以承受的合理限度，从而引起了他们心理上的不耐烦或者反抗的情绪，使得事情朝着相反的方向发展。

由此可见，如果希望自己说的话能够让别人听取，就不能简单地重复、重复再重复，而是要灵活机动地换个角度或者换种说法，把问题说明白，达到"一语千金"的威力，而不是喋喋不休地重复，让对方产生厌烦、逆反心理。

好几百年以前，西方的一位聪明的国王召集了他的一群臣子，交给他们一个任务："我要你们编一本《智慧录》，以留给子孙。"

这群臣子在得到了国王的命令后，就开始了艰苦的工作。他们夙兴夜寐，花了很长一段时间之后，终于完成了一部十二卷的巨著——《智慧录》。

这些臣子派代表将这十二卷巨制拿给国王看，没想到国王看到了《智慧录》之后，连第一卷都没翻开，却说出了这样一句话来："各位大臣，我深信这是各个时代智慧的结晶。但是，它太过于'厚重'了，我担心没有人会去读完它，还是把它浓缩一下吧！"

没办法，臣子们只好再次发挥聪明才智，将这十二卷巨制删减了很多内容，最后定稿浓缩成了一卷书。这次国王终于看完了这本书，然而国王还是觉得有些烦琐，命令继续浓缩。

臣子们只好继续删减书中的内容，慢慢地把这本书逐渐地浓缩为一章、一页、一段，最后竟然浓缩成了一句话。

臣子们将这本只有一句话的《智慧录》呈给国王看的时候，国王非常高兴地说道："各位大臣，这才是各个时代的智慧结晶呀。各地的人只要知道这个真理，我们一直担心的大部分问题也就可以顺利地解决了……"

知道这句浓缩出来的经典话语是什么吗？很简单，也就几个字而已："天下没有免费的午餐。"

世间的大智慧尚且不需要大书特书，那么我们生活中的沟通和交流也可以简洁很多，不要低估别人的理解能力，话不用说太多。

当然，要使自己的话语简短、精练也需要一些训练，说话简洁能抓住重点，从某种意义上讲，要求我们具有抽象的能力，在差异中寻找共性，将具体的问题高度概括。我们需要学会压缩，使说话具有层次和条理，抓住主要事实、体现鲜明观点。

正如俗语所说的"兵在精而不在多"，说话也是如此，不在于说得多少，而在于能说得恰如其分。当我们和别人交谈时，只要善于抓重点，长话短说，那么我们就能一语中的，显得有水平、有分量，让人心悦诚服地接受你的观点。

表达要有的放矢，不能漫无目的

一般来说，人们说话的目的是传递某种信息，引起别人的注意，博得对方的信任、同情、支持或理解。即使是闲谈，相信我们也是有一定“目的”的，比如让别人对自己产生好感，传达自己的观点，甚至安慰别人等。如果能给自己每次的说话都设定一个目标，那么我们就能做到说话有的放矢，让每次说话都为自己或者他人服务，而不是漫无目的，浪费时间和生命。

说话就像射箭，有了明确的目标，才能准确地把箭射中。成功学大师卡耐基说：“在筑墙之前，你就应该决定把什么圈出去、把什么圈进来。”

同样，在说话之前，你必须明晰一个目标，做到心中有数，才能应付自如。在生活中，之所以很多人会出现所谓的“失言”的情况，很主要的一个原因就是没有明确自己说话的目的。

晚清时期进行洋务运动之时，洋务派大臣张之洞为了富国强兵，在汉阳修建了一座钢铁厂，也就是之后的汉阳炼铁厂。

但是光有厂房还不够，张之洞又委托买办薛福成在英国为自己购买炼钢的设备。张之洞说要炼钢设备，但是事实上，他根本不知道自己要什么样的。英国方面要求他提供炼钢所用的焦煤与铁矿砂样品寄到英国化验，再决定炼钢炉的设计，但张之洞对薛福成说："中国之大，何处无好煤好铁？只需照英国的式样采购就行。"薛福成没有办法再从张之洞那得到任何有用的信息，于是厂主就按照英国人通用的酸性炼钢炉，制造了一座贝色麻炉运到了中国。

结果，汉阳所产的铁矿石含磷比较多，用酸性炼钢炉无法去除钢铁中的磷，所以钢铁厂生产出来的钢材大都容易脆裂折断，只能用来铸造铁锅，根本无法用于军工制造。

张之洞的错误之处就在于没有明确自己的目的，结果好心办成了坏事。说话也是如此，每次说话要有目的，这样才能事半功倍。比如，如果你这次交谈是为了安慰别人，那么即使别人没有给你好的反馈，甚至出言不逊，你一想到自己说话的目的，就不会跟别人针锋相对。再比如，当我们在与陌生人交流的时候，都是从互相介绍开始的，它的目的就很简单——要让对方知道自己的身份。

有了明确的说话目的，我们才能做好各种准备，包括说话心理上、内容上、技巧上的，只有明确了自己想要达成的目的，才知道应该做些什么准备。例如在交谈前收集哪些资料，采取何种语体风格，运用哪些技巧，进而能够有的放矢。

但是，如果我们目的不明，那就会不顾场合地信口开河、东拉西扯，最后导致失言，形象尽失。

我们一定要珍惜每次说话的机会，不让说话成为“浪费时间”，让每次说话都能完成它的使命。

例如，去医院看病，我们就应该详细地向医生诉说自己的症状，让他尽快确诊你的病情，而不是一直不停地说，这个病给自己带来了多大的痛苦、多大的损失，甚至于请个病假来看病有多麻烦等等，这样会让医生心生厌烦，不利于医生对你的病情进行客观地诊断，从而耽误了你的病情。因为你是去看病的，而不是去博人同情的，所以有些话就不用说，说了也没用。

在工作中也是一样，汇报工作或者开会时，没有经过思考，没有想好自己要表达什么意思时，就开始滔滔不绝地说，自己都云山雾罩，那就别指望别人能搞懂你想说什么、你想做什么。最后，就会给人留下你的工作能力不够的印象，因为无目的的长篇大论，最起码让人感觉是没有条理和顺序的，那么又怎能将一些重要的工作交给你来做呢？

我们要如何做到说话有的放矢，目标明确呢？其实很简单，只要我们先设定目标，然后再把话说到点子上即可，设定谈话目标没有什么技巧，这是我们能完成的，但是如何把话说到点子上，避免漫无目的地表达还是有一些诀窍的。

首先，需要我们说话言之有理，切忌空洞无物，华而不实，废话连篇。所谓“欲语唯真，非真不语”，指的是语言应该反映真实情况，表达真情实感，没有真东西，就不要开口讲话。

其次，看人“下菜”，面对不同的人，在目标明确的情况下，要用不同的话语去描述，不同的人兴趣点不同。

举个例子来说，如果一个大学老师劝诫大学生们好好学习，不要荒废时间，那么他可以说：“子在川上曰：‘逝者如斯夫，不舍昼夜。’‘劝君莫惜金缕衣，劝君惜取少年时。花开堪折直须折，莫待无花空折枝。’”等等，但是他如果要去跟一个小朋友说要好好学习，不要浪费时间，那么他就会很直白地说：“好好学习，天天向上”，而不会再去说那些文言文语句或诗句。一代伟人拿破仑对他的秘书们一再申明的训令就是：“说话要清晰！要让人明白！”这其中蕴含的意思就是，说话要让别人听得清晰、明白。

有很多人表示，在刚开始与别人交谈的时候是有目标的，是知道自己要说什么的，想要达成什么目的。但是，如果说话有了互动或被别人插了嘴就会跑题，自己也不知道自己要说什么了，言谈已经和一开始自己的目标相差万里，就会有“口出千言，离题万里”的情况发生。

为了防止这种现象的发生，不仅在每次说话之前要给自己定下目标，在谈话过程中，也不妨扪心自问一句：“我为什么要说？”或者是“我要怎么说？”“我要说些什么？”只要时时刻刻能够用这几个问题提醒自己，就能很好地避免上述情况。

总之，我们应该坚持一个原则，少说多想，让自己说的每一句话都不离题，如果实在控制不住，可以事先把要说的事情写在纸上，在谈话的时候经常拿出来看两眼，千万不要被一句无关的题外话带得偏离主题。

高谈阔论不见得就是真理

美国某汽车公司需要采购车座上的绒垫，当时有三家供应商提供的产品无论在价格还是品质上都不分伯仲，这让汽车公司的采购人员十分为难。采购人员决定同时约这三家供应商的销售员聊一下，再比较一下究竟用哪一家的产品。

当日，其中两家供货商所派的销售员，都能说会道。而另外一家供货商的销售员，突患喉疾，说话都费劲，更别谈和其他两位唇枪舌剑，一分高下了。果不其然，其中两位销售员将产品的优势介绍得非常详尽，而他却只能沙哑着喉咙，很勉强地说："我实在发不出声来，我们公司的商品，我只能写给你们看。"

采购人员一见他这种情形，便对他说："你不必写了，你把产品拿出来，我可以自己看！"于是第三位销售站在旁边默不作声，任采购人员看他带来的样品。

结果出乎意料，那两位精于推销辞令的销售员空手而归，而那位声音沙哑、没法说话的销售员，带着一笔巨额的订单回去了。

虽然第三位销售员没法说话是一个偶然事件，但是这个真实的案例很好地说明了，不开口的效果有时反而胜过高谈阔论。

被西方文学界誉为“开放社会之父”的卡尔·波普尔曾经说过这样的一句话：“受过不充分教育的人傲慢，喜欢高谈阔论。他们佯装具有我们所不具有的智慧，其诀窍之一是，同义反复和琐碎之事再加上自相矛盾的胡言；另一个诀窍是写下一些几乎无法理解的夸大言词，不时添加一些琐碎之事。”

这也说明了高谈阔论、夸夸其谈、吹得天花乱坠的人，很有可能是没有底气，且什么都不懂的人。

大文学家托尔斯泰也说过：“高谈阔论者往往是知之甚少者，知之甚多者往往沉默寡言。这样的情形之所以很普遍，是因为知之甚少者总是以为他知道的东西便是最重要的东西，于是想讲给所有人听。”

真正知识丰富而有智慧的人知道，宇宙浩瀚，贤人藏于市井，比自己有智慧的人太多了，所以，他不会轻易高谈阔论、滔滔不绝，他只讲别人问他的东西，以及他需要讲的东西。

仔细想想确实有道理。我们在与人沟通交流时常常会遇到这样的情况，我们为了显示自己的知识、能力，就自顾自地沉浸在自己的思绪中，恨不得把自己的本事一股脑儿全说出来，全然没有留意到周围人。

某外贸公司因拓展外贸业务，决定向社会公开招一名管理人员。招聘广告登出后，人才招聘处便被里三层外三层围了个水泄不通，经过笔试和面试两道关之后，最后敲定在剩下的甲、乙、丙三个人中间选出。

这三位候选人都非常优秀，无论是写方案还是聊产品都思维清晰、语出惊人。这使招聘者颇感为难。最后，公司决定来一次“煮酒论英雄”：在某酒家设宴招待三位应聘人员，通过酒宴对应聘者再次进行筛选。

招聘总经理坐在应聘者中间，和三位应聘者推杯换盏，天南海北随意聊天，因为包括经理在内的4个人都是健谈的人，他们见多识广，聊得非常高兴。

公司设置的笔试和面试只能反映应聘者的专业知识和部分素质，同时这三位都是有备而来，且分外警醒，都绷着弦，所以有些缺点暴露不出来。然而在气氛热烈的酒宴上，这三个人认为大局已定，思想不再设防，于是，一个不戴“面具”的、真正的“自我”便赤裸裸地展现在招聘经理面前。

席间乙率先出言：“我原来那公司老板管理不善所以现在倒闭了，当时要我去管，绝对能管好。总经理，你只要录用我，我保证让公司效益翻番，现在咱们的政策得大调，客户关系也得重新调理，这都不用您操心，我全包……”

丙见乙说了这样的话，他也不甘落后，马上说：“总经理，我这次是横下一条心来报名应聘的，我已向原单位辞了职。我坚信，凭我研究生毕业的水平和原来在学生会及工作上多次成功的经验，肯定能胜任公司的工作，你们一定会录用我的……”

唯有甲听着那两人的慷慨陈词，不发一词，直到他看到总经理询问的眼光后，才缓缓说出：“总经理，能结识您很荣幸，我非常愿意为贵公司效力。坦白说，我对公司的了解有限，所以我不能说我的到来会给公司带来多少利益，我只能说我会尽我最大的努力和激情协助您的工作。如果确实因名额有限而不能被录用，我也不会气馁，我会继续奋斗。我相信，如果不能当您的助手，那我一定能成为您的对手……”

等这三个人说完话，用谁不用谁就很明了了，甲最终得到了那个职位。

乙和丙输在了高谈阔论上，本以为口若悬河能给自己加分却暴露了自己性格上的缺点，最终失去了大好的工作机会。

夸夸其谈、高谈阔论的人，有很多种不同的表现，但可以总结他们的基本特征，那就是表里不一、言行脱节。

他们往往表现出一副自以为是的样子，在不同的场合，总是抓住机会哗众取宠、滔滔不绝、口若悬河，表现自己，显得见解独到。 可是话一出口，他们的“使命”也就无法完成，他们的“本事”可能止于他们的言谈，而且一旦遇到真的困难、真的难题，他们往往是最先退缩的。

我们要时常问问自己，反省一下，在我们与别人沟通交流时，我们是个喜欢高谈阔论的人吗？ 我们是否也说过那些不着边际的大话？ 如果有，那么一定要警惕，在没有酿成大祸的时候，在朋友还没远离我们的时候，停止高谈阔论，做个低调的人吧。

知识愈浅薄的人，愈想夸夸其谈

中国有句俗语叫作“满瓶不响，半瓶咣当”，说的是真正有才华、肚里有“货”的人，他们往往不吱声，话不多，但是没有学识、浅薄的人，就会抓住机会说个不停。面对这种情况我们需常常训诫自己，多说话不如少说话，说话要恰当无误，千万不要花言巧语。正如古人所云：“话说多，不如少，惟其是，勿佞巧。”

真正有学识的人是有底气的人，是自信的人，不会像浅薄的人或者心虚的人那样通过夸夸其谈来掩饰自己的无知和浅薄。

一个无知的人不知道自己要说什么才能回答别人的疑问或解决别人的问题，他不知道要说什么才能表达出自己的观点，有时他根本就没有自己的观点，所以他才会主动或者被动地堆砌语言，来掩盖自己的心虚和无知，给别人造成一种其实他什么都明白，他什么都能说得清的假象。

浅薄的人处处想表现自己，所以不放过任何一个可以说话、表达的机会，好像只要说得多就能显示出他的本事和风采。

“宁可把嘴巴闭起来，使人怀疑你的浅薄，也不要一开口就让人证实你的浅薄。”这是一句值得我们时刻铭记在心的至理名言。

在我们不明白某件事情的具体情况的时候，我们最好别说话，给自己留点余地和面子，不要让别人看到我们的短处究竟有多短。话说得越多，那么暴露给别人的地方也就越多，同时也越能让别人摸清我们性格的缺陷，所以，我们应该向古圣先贤学习，要么不开口，不给对方任何可以纠缠的机会；要么一开口，就马上解决问题。

三国时期蜀国的能臣诸葛亮有个哥哥叫诸葛瑾，诸葛瑾是孙权手下的大臣，虽然不及弟弟出名，但是他也是一个很有治国经略、十分有本事的人。

他平时话不多，但在紧要关头，在大家穷尽口舌、一筹莫展之时，他常常凭借几句简单的话语就能解决棘手的问题，为世人称道。

有一次，时任校尉的殷模被孙权误解，孙权不问事实，大怒之下，喝令尉官将他推出去斩首。众人知道孙权是在气头上才会这么做，过后一定会后悔，就纷纷替殷模向孙权求情，在大家纷纷进言之时，唯有诸葛瑾兀自站在那里一言不发。孙权很纳闷，就问诸葛瑾：“为什么子瑜（诸葛瑾，字子瑜）不说话?”

诸葛瑾不慌不忙面向孙权，回答道：“我与殷模都因家乡遭遇战乱，才来投奔陛下。现在殷模不思进取，辜负了您，还求什么宽恕呢？”

短短几句话，让孙权突然从怒气中抽离了出来，他想殷模不远千里来到吴国投奔自己，即使有过错也应该适当原谅，况且目前他是否有过错还未定论，于是马上冷静了下来，赶紧下令赦免了殷模。

群臣七嘴八舌说了那么多话，孙权都没有动容，但是唯有诸葛瑾的话，对孙权来说如醍醐灌顶，马上让他认识到自己的冲动。可见，话真的不是说得越多越好，不管话说得多漂亮，不如一句真正有用的话能解决问题。

20世纪初的美国，现代小说作家层出不穷，有一天，在纽约四季大酒店两位作家同时开办新书签售会。

其中一位作家久负盛名，他在描写美国南方庄园生活的人情冷暖方面十分出名，深耕南方庄园小说数十年；而另一位则是一位“投机写手”，什么内容容易上畅销书榜他就跟风写什么，没有自己深耕的领域。

签售会一前一后开始了，首先是“投机写手”，他看到台下有这么多人关注他的新书，他十分自得，他清了清嗓子开始介绍新书。从他为何要写这本书，到写作过程，到修改定稿，到装帧的敲定，事无巨细，话语间不乏自得的语气，过了一个半小时才结束了他的演讲。

终于到了互动问答环节，台下有一位书迷提问道：“我对您书中描写的那个年代女性的衣着很感兴趣，您的书中有众多女角色，您在写书时考虑到衣着配饰的问题了吗？比如已婚和未婚女士的穿着有无区别？”

“投机写手”听到这个问题，倒吸了一口冷气，他开始作答，依旧是东扯西扯，支支吾吾说了一大段，但是也没解答提问者的问题，提问者出于礼貌没有再说什么。

这时，另外一位作家的签售会开始了，人群向另一位作家那边涌去，“投机写手”总算是解脱了。

另外一位作家照例开始做一个小演讲，他和台下的观众打了个招呼，然后缓缓说道：“刚才那位书迷提的问题很专业，其实我很想解答一下，但是三言两语说不清，如果真的有兴趣，我想你们可以好好读读我的新作，相信可以对那个时代包括女士衣着在内的风土人情有一个很详细的了解。”

就这样，这位作家结束了他的演讲，博得了人们热烈的掌声。

两位作家哪位有真才实学，哪位是“欺世盗名”高下立见。真正知识渊博的人、懂行的人，不用语言来表现自己，不用语言来伪装自己，语言只是一个引子，真正重要的，还是他们的真才实学，否则，说得越多越错。

在说话的时候，我们要记住这样一个原则：在任何地方、任何场合，我们都要尽量少说无用的话，惜字如金。正所谓：“不鸣则已，一鸣惊人。”如果非要说，那就让我们说一些有价值的话，切莫漫无目的地滔滔不绝，暴露自己的缺点和无知。

学会思考，适时关闭嘴巴

说话是为了正确地表达自己的思想和意见，而不是光图嘴巴痛快，胡乱发泄自己的情绪。有些人总是批评别人没有大脑、随便说话，却很少检查自己有没有乱说话的时候。一个人必须学会思考，一个人的嘴巴必须知道适时关闭，这样才不会被嘴巴连累，吃“一吐为快”的亏。

要知道，在社会上一般只有浅薄者才会信口开河。不道德之人，为达个人目的，常常会捕风捉影、信口开河，把白的说成黑的，把小的说成大的，把方的说成圆的，歪曲事实，使该亲近的人疏远，该疏远的人反而走得很近，就此也扭曲了人际关系。所以，我们要想成为受欢迎的人，就不要信口开河。

生活中，我们不仅要会说话，更应该把话说好，尽量在说话之前做到三思而后行，这样才能说出让别人动心的话。

其实，说话不要言而无信就是告诉我们不要乱说话，不要轻易地许诺。你答应了别人的事情，就要兑现你的承诺，说到做到，这样才能证明你不是一个言而无信的人。宋濂就是一个讲诚信的人士，他从不言而无信，只要他答应的事情，就一定会兑现自己的承诺，被人称赞为诚实守信的杰出人士。

明代的文学家宋濂小时候非常喜欢读书，但家里很穷，他没钱买书看，只好借书来读，每次借书，他都讲好期限，按时还书，从不违约，因此，很多人都愿意把书借给他。

有一次，他借到一本书，越读越爱不释手，便决定把它抄下来。可是还书的期限快到了，他只好连夜抄书。时值隆冬腊月，天气非常寒冷。母亲心疼地说："孩子，都深夜了，而且这么冷，等天亮了再抄吧。人家又不是等着书看。"宋濂说："不管人家要不要看这本书，到期限就要还，这是个诚信问题，也是尊重别人的表现。如果我不讲信用，失信于人，怎么可能得到别人的尊重呢?"

又有一次，宋濂要去远方向一位著名学者求教，并约好了见面日期，谁知出发那天，下起了鹅毛大雪。当宋濂准备上路时，母亲惊讶地说："这样的天气怎能出远门呀？再说，老师那里早已大雪封山了。你这一件旧棉袄，也抵御不住深山的严寒啊!"宋濂说："娘，今不出发就会误了拜会老师的日子，这就是失约啊；失约，就是对老师不尊重。因此，不管风雪有多大，我都得上路啊。"

当宋濂长途跋涉、风尘仆仆地来到老师家里时，老师感动地称赞道："年轻人，守信好学，将来定有出息啊！"

显然，宋濂在借书和求教的事情上，都足以证明他不是一个言而无信的人，而是一个信守承诺的智慧人士。因此，我们要对自己说的话负责，做一个说到做到的诚信人士。

一大学教授曾说："交友以信，一诺千金。对朋友要做到言而有信，守信如潮。"

此外，在职场上的人士要注意，千万不要对人信口开河。比如说在你向他人展示专业技能时，不要信口开河，用捏造的经历来糊弄对方，否则一旦你的这些虚假经历被他人知道，他们就会对你的评价一落千丈。

我们的嘴巴就像一扇门，每天都要开关多次，你开的次数越多，你城堡里的景物也就被众人一览无余。舌头就像是一支箭，稍不留神就会把"游客"伤害。因此我们的大脑要时刻警惕自己不要胡乱"开门"，更不能随意"用箭"。因为你自己信口开河，根本意识不到会伤害人，但别人却认为你是有意的。

因此，我们无论是在社交上，还是在平时的为人处世上，都应该做到三思而后言、坚守诚心，而不是信口开河、狂妄自大，这样才能避免因为言语过失给自己造成的各种困扰。

第二章

准确表达，把想法表达清楚

用强逻辑性语言清晰地表达思想

口才是一门有浓重艺术色彩的、实实在在的科学，要想真正地学习口才光靠个人业余总结是不行的，还要我们系统地学习一些说话的基本技巧，才可以做到有水准地说话。

下面是提高语言逻辑性的一些方法：

（1）试着培养自己在一开始就把自己的意思用简明的一句话表达出来的能力，然后再提出理由，而不是先提出理由再一点点地推出自己的主张。

（2）说话就像是抛、接球，想要维持良好的沟通，首先要做到的就是说话者与听话者不能自说自话，要进行相互的交流。这样时刻让自己意识到，还有对方的存在。知道对方与自己的差别之处，在尊重对方想法和观点的前提下进行交流。这一点是尤为重要的。

（3）对方是与自己不一样的，抛弃自己的理解与对方的理解总是一致的这种想法。首先应该想到的是“对方与我不同”“我所传达的信息和他所理解的不一定相同”。

（4）在我们擅长的领域我们会不自觉地将视线由上而下投向对方，这样不知不觉地就藐视了对方，被别人藐视，确实是叫人不好受的。 只有尊重对方，才会得到对方的尊重。

（5）与听众面对面地交流，语言之外的行为会传递更多信息。 不好的语调和说话习惯是致命伤。

（6）说话效果的好坏，并不总是自己决定的。 说出的话好与坏，有时决定权在听者手里。

（7）充满否定和消极的说话方式会让人关闭心扉。

（8）确定自己与人沟通的特点。

（9）使用主张明确、理由明确、清晰的逻辑转接词。

所有这些必须有一个最重要的前提，就是在我们向外表达之前，我们自己对要表达的物象有一个清晰的认识，也就是自己对这个将要表达的事物非常明了，只有在这个前提下我们才可能形成具有逻辑性的表达思想。

准确表达自己的意图

日常生活中，人们常常遇到这样的情况：与别人争论某个问题时，尽管自己有鲜明、正确的观点，却不能说服对方，有时还会被对方反将一军。 这是为什么呢？ 心理学家认为，要使自己的观点被认同，仅观点正确还不够，还要掌握谈话技巧。

说服别人，要以理服人、以德服人、以情服人、以礼服人。 说服别人时，不仅要有耐心，还要掌握一定的方法和技巧，不要以权以势压人，更不能靠投机、欺骗手段，否则，没有人会心甘情愿地听从。 另外，说服别人不能摆出高姿态，说话应当入情入理，如果强词夺理，只会令对方产生厌恶感。

那么，如何才能有效地说服别人呢？ 请参考以下几条建议：

1. 以退为进，调节气氛

首先应该想方设法调节谈话气氛，尽量避免使用命令的话语；友好和谐的气氛有利于说服的成功。反之，在说服时如果不尊重他人，摆出一副盛气凌人的架势，很难成功。毕竟，每个人都有自尊心，都希望得到别人的尊重。

有一位中学老师非常善用此法来说服学生。他担任的是一个差班的班主任，而此时恰好赶上学校安排各班学生参加打扫操场的劳动。干活的时候，全班罢工，不肯干活，不听老师的劝。后来，这个老师想到一个以退为进的办法。他问学生："我知道你们并不是怕干活，而是怕热是吧？"学生们不愿背上懒惰的标签，便七嘴八舌地说确实是因为天气太热了。老师说："既然是这样，天气凉快些后我们再进行，大家先放松一下。"一听这话，学生们掌声四起，高呼万岁。老师为了使气氛更热烈一些，还买了几十支雪糕让大家解暑。在说说笑笑中，学生们打扫完了操场。

2. 巧用激将法，以刚制刚

有的时候，巧用激将法能刺激对方的自尊心以达到说服的目的。

208 年，刘备兵败樊口，无力反击，要与曹军抗衡，则必须与孙权联手。于是派诸葛亮前往江东说服孙权。

如果是一般的使者，为了请求对方的援军，一定会低声下气。但是诸葛亮却相反，他摆出一副强硬的态度说道："将军您是否也要权衡自己的力量，以处置目前情势。如果贵国的军力足以和曹军抗衡，则应该早早和曹军断交才好；若是无法与曹军相抗衡，则应尽快解除武装，臣服于曹操才是上策。”年轻气盛的孙权果然被激起了强烈的自尊心反问道：“照你的说法，刘备为何不向曹操投降呢？”

诸葛亮便火上浇油地说：“你知道田横的故事吗？他是齐国的壮士，忠义可嘉，为了不愿侍二主而自我了断。更何况我主刘备乃堂堂汉室之后，钦慕刘君之英迈资质而投到他旗下的优秀人才不计其数，不论事成或不成，都只能说是天命，怎可向曹贼投降？”

至此，孙权的自尊心已被充分激发起来了，于是他激动地表示：“我拥有江东全境以及十万精兵，又怎能受人支配呢？我已经决定了。”

尽管运用激将法能增强说服力，但是，务必注意以下三点：一、态度友善是关键。二、讲清后果，说明道理。三、把握好力度，否则会弄巧成拙，事倍而功半。

3. 消除防范心理，以情感化

一般来说，被说服对象往往会有抵触情绪，尤其是在危急关头。这时候，要想成功说服，就要注意消除对方的防范心理。怎么能做到这一点呢？从人的潜意识来说，防范心理是把对方当作敌人时产生的一种自卫心理。那么，消除防范心理，最有效的方法就是，反复给对方一些暗示，表示自己是朋友而不是敌人。暗示的方法多种多样，如：嘘寒问暖、现身说法等。

有一个女出租车司机，送一名男乘客，却被男乘客威胁把钱都交出来。她装作害怕的样子，交给歹徒300元钱，说："今天挣到的钱全部给你，我还有一把零钱也给你吧。"说完，又拿出20元零用钱，这一举动让歹徒不知所措。"的姐"继续说："你家在哪儿住？我送你回家吧。这么晚了，家人肯定等着急了。"这么一来，歹徒把刀收了起来，让"的姐"送他到火车站。趁气氛缓和，"的姐"不失时机地启发歹徒："我家里原来也非常困难，咱又没啥技术，后来，我就跟人家学开车，干起这一行了。挣钱虽然少点，但日子过得踏实。何况还能自食其力！"见歹徒沉默不语，"的姐"继续说："唉，男子汉四肢健全，找活很容易，可要选对活，不然，会一失足成千古恨。"火车站到了，见歹徒要下车，"的姐"又说："我的钱就算帮助你的，用它干点正事，以后不要这样做了，靠自己的双手养活自己！"一直不说话的歹徒听罢，突然哭了，并把钱塞到"的姐"手里："大姐，我以后饿死也不干这事了。"说完，低着头跑开了。

在这个事例中，"的姐"用巧妙的言语，消除了青年的防范心理，不仅自己毫发未损，还达到了说服的目的。

4. 换位思考，以心换心

说服别人时，最好站在别人的立场上考虑一下。要想做到这一点，最重要的是“知己知彼”，唯先知彼，才能从对方的立场上考虑问题，从而达到说服的目的。

一头猪、一只绵羊和一头奶牛，被牧人关在同一个畜栏里。有一天，牧人将猪从畜栏里捉了出去，只听猪大声号叫，强烈地反抗。

绵羊和奶牛讨厌它的号叫，于是抱怨道：“我们经常被牧人捉去，都没像你这样大呼小叫的。”

猪听了回应道：“捉你们和捉我完全是两回事，他捉你们，只是分你们的毛和乳汁，但是捉住我，却是要我的命啊！”

人生在世，各有各的生活，也各有各的苦难。有时候人们因为立场不同很难做到感同身受。生活本来就不容易，当你觉得容易的时候，肯定是有人在替你承担着那份不容易，生活中需要经常换位思考，珍惜才配拥有。因此，对于他人的失意、挫折和伤痛，要将心比心，以一颗宽容的心去了解和关心，才是作为人，最适当的活法。

5. 寻求一致，以短补长

有些人不喜欢接受他人的意见，经常处于自以为是的心理状态中，一脸拒人千里之外的表情。对付这种人，如果一开始就提出问题，势必让对方产生抵触心理。因此，要努力寻找与对方一致的地方吸引注意，然后再水到渠成地提出自己的问题，使对方接受自己的建议。

说服他人，了解对方的喜好是关键，但最重要的是会说话。

东汉末年，刘备攻打曹操失败，为图他日东山再起，他投奔了刘表。为了寻求人才，他拜访了荆州名士司马徽。司马徽推荐说：“此地有‘卧龙’‘凤雏’，二人得一，可安天下。”经多方打听，刘备得知“卧龙”就是诸葛亮，此人隐居在襄阳城西二十里的隆中，精通史书，却身居草屋，躬耕陇亩。

刘备三顾茅庐，前两次未能得见诸葛亮，第三次终于得见。在茅庐中，诸葛亮和刘备共同探讨时局，分析形势，建立霸业。刘备诚意请他出山相助，重兴汉室。诸葛亮也被刘备“三顾茅庐”的诚意所打动，同时，为了实现自己的政治抱负而离开了隆中。

此后，诸葛亮尽显才华，帮助刘备东联孙吴，北伐曹魏，占据荆、益两州，北伐中原，建立蜀汉政权，形成与东吴、曹魏三国鼎立的局面。

明确表达，把想法说清楚

有位好学踏实的小伙子与人见面说话时，常常“嗯、嗯……”声不断，让人听不出所以然。问好声似有似无，也不知道对方听到没有，让人觉得他木讷、怯懦、胆小、没有朝气。尽管他工作没少做，但是在单位却一直得不到重用，更不用说晋升了。

切记，只有明确地把话说出来，才能给对方传送准确无误的信息。说话时必须吐字清晰、紧扣主题，才能达到叙述清楚、表情达意的目的。

1. 说话要注意前提

说话的目的是交流信息，这里常出现听者能否理解、接受说者所传递的信息的问题。说者若想清晰地把自己的想法向听者表达出来，就要把话说明白。有时，听者只有把话中隐含的信息理解了，才会明白是怎么回事。这里所指的隐含信息，就是“说话前提”，或称“说话背景”。

如果说话忽视前提、不注意背景，听者就会难以理解其中含混不清的语意。比如，甲对乙说：“他出差了。”乙必须知道他是谁才能弄明白这句话，否则，就会产生误会。我们知道，不同时代、不同国家及不同生活经历的人，他们的人生观、价值观、世界观可能迥然不同。同样面对一件新事物，要让他们产生相同的观点，有些强人所难。可见，注意交际中的“话语前提”是多么必要。下面是与此有关的一些改良建议：

(1)尽量避免语意含糊或易生歧义的词汇

有两个张老师任教同一个班，其中一人有事要找学生C。学生A通知学生C：“张老师请你去他办公室一趟。”学生C就会不清楚到底是哪个张老师。学生A要想表达清楚，必须明确告诉学生C：找学生C的张老师是教哪门功课的，在哪个办公室。

(2)要表达出足够的信息量让对方理解

比如，甲对乙说：“前几天，我在路上看见一个人，十分像你，是你吗？”乙很难回答这么没头没脑的问题。只有在问话中说清具体的时间、地点等必备的条件，对方才能做出明确的回答。甲应该说：“昨天上午，我在唐人街看见一个很像你的人。你去那儿了吗？我遇见的人是你吗？”

(3)言语要有逻辑顺序，切忌语无伦次

如果你去某公司找一位素未曾谋面的B君，最好先做自我介绍，然后再说明来意。若颠倒顺序，就很可能让人觉得你莫名其妙。

2. 不可忽视的措辞

如果想在交际中给他人留下良好的印象，就必须把言辞说得高雅、得体。如果一张口就粗话连篇、絮絮叨叨或者故作高深、故弄玄虚，即使话题再好，别人也会没有兴致。

我们需要在谈话中注意几个地方：

(1)说话要尽量简明扼要

下属向上司汇报工作时，语言越精练越好。上司事情多、时间安排得比较紧，哪里有时间和心情耐心地听员工絮絮叨叨、反反复复地说一大堆。在其他场合，也没有人喜欢反复地说也说不清楚事情的人。如果你有此类毛病，一定要改掉。在开口说话前，理清思路是一个好办法。

(2)不宜过多使用重叠句

话语中的重叠句确实可以起到加重语气、引人注意的作用。但是，话语中时常出现重叠句，会让人觉得幼稚而且累赘。因此，必须改掉这个习惯。

(3)话语尽量避免口头禅

很多人都有口头禅，诸如“没问题”“绝对的”“岂有此理”“我敢肯定”等。口头禅常常脱口而出，更有甚者，开口不离口头禅、沾沾自喜，却没料到，自己的口头禅早已成了别人的笑柄，严重损害了自己的形象。

(4)要避免粗俗的言辞

一些本来使人敬仰的高才生，在朋友聚会的时候却粗话连篇，使他们的形象大大受损。其实，这些人并非没有修养，他们只是在追求语言的新奇和俏皮的过程中不自觉地沾染上了这种坏毛病。如果你有这种毛病，一定要改。试想，如果你在陌生人面前语言粗俗不堪，别人会如何看待你？对方可不一定认为这是习惯问题，而会觉得你没礼貌、没教养、不值得深交。

(5)用词要富于变化

喜新厌旧是人性的一个弱点。 单调的词汇只能让人滋生乏味厌倦的感觉，用语丰富多彩才能让人感到新奇，吸引人们的注意力。

讲话还要讲究逻辑上的合理。 先说什么，后说什么，都要安排好。 不然，就会让人觉得颠三倒四、云里雾里。

还要注意一点，讲话结束之前，最好总结、强调一下重点内容。 这样会让人对你的讲话有一个明确、完整的认识。

善于把话说到点子上

和顾客交流时，营销员要掌握好分寸，把话说到点子上，避免造成误会。

要把观点表达清楚，首先要求营销员在与顾客交流之前，要做好充分的准备，思路清晰。弄清楚说话内容的先后顺序，以及哪部分是重要内容，需要反复强调。另外也可以用实例来证明你的论述，所举的例子最好是我们身边的真人真事。

但应注意一点，即使是举实例，语言也要简明扼要，把道理说清说透就可以了，莫要喋喋不休、画蛇添足。举适量的实例会使你的论述更具有说服力，但是过量地举例便会适得其反，让顾客觉得你啰唆，对你反感。

营销员在推销产品过程中，如果要介绍的内容很多，则应先强调重点，根据对方的情况来裁剪谈话内容。对方如果时间有限或领悟能力不强，就应适可而止；如果对方非常感兴趣，而且没有时间限制，就要介绍得详细全面，短话长说，甚至多次讲解。

在洽谈过程中，需要营销员陈述的内容很多，但是，不同阶段的陈述应有不同的重点。要根据情况反复强调重点，即使顾客对所有信息都感兴趣，也不应将其全部安排在一次陈述中，这样才能保证顾客能完全理解你所陈述的内容。再次，要求营销员的语言语调要准确，抑扬顿挫。总之，要确保陈述的内容能被顾客准确地理解。

把话说到点子上，当然还需要营销员在营销过程中高度集中精力，抓住与营销商品有关的重点问题，而不是去讨论枝节问题和与产品无关的话题，以免失去谈主要问题的机会。同时为避免不必要的烦恼，要减少与顾客相左的想法及顾客不感兴趣的方面，多发现共鸣之处，最好是与产品有关的事。

无论交谈的成员只有两人还是多人，最重要的是一开始就阐明你的想法，然后才作补充解释。这样做不仅可以节约时间，而且还可免除别人对你的猜测或者否定。

营销员在与顾客交谈时，应紧紧围绕营销这个中心。随便拉些家常，活跃一下气氛是可以的，但不应扯得太远，要注意适可而止，积极地切入主题。

除此之外，还要注意一点：在营销过程中，要尽可能地挑选对方最感兴趣的主题，假如你要把某项计划介绍给某公司董事会，那你就要强调它可以带来的众多利益及好处。你要劝说某个人试用产品，就要着重讲怎样才能正确、有效地使用。众所周知每个营销对象的想法都一样，他们总希望从商务洽谈中知道这样做能为他们带来哪些好处。

表达通俗易懂，让人易于理解

1.语言要通俗易懂

口语表达和书面语表达不同。书面语表达遇到难懂的词语，可以查字典；遇到不易理解的句子，可以慢慢琢磨。而口语表达往往没有字斟句酌的时间。这就要求口语表达要做到深入浅出、通俗易懂，要做到：

(1)使用规范的词句

我们说话时要尽量使用规范的词句，少用别人不熟悉的方言、生僻词或文言语句等。叶圣陶先生历来不赞成口语表达使用文言语句，他说："文言文的字眼和语句夹在口语写的文章里会让人觉得很不舒服，仿佛看见眉清目秀的面孔上长了个疙瘩。"因此，他热切地希望人们从文言词句的"旧镣铐里解放出来"。特别是那些没有文言功底的人，更不要去"捡起那副旧镣铐套在自己的手脚上"。

其实，不光是文言语句，像方言土语、生僻词语等，也是束缚人们日常口语表达的"镣铐"，人们应当多加注意。

(2)使用大众化的口语

口语较典雅庄重、准确精练的书面语，具有简洁明快、生动活泼的特色。因此，我们要想使自己的表达通俗易懂，最好采用口语化语言，尤其是大众化的口语，以贴近生活的本来面目。这种做法深受鲁迅先生赞同，他主张要“将活人的唇舌作为源泉”“博采口语”。毛主席也倡导同志们向人民群众学习语言，因为“人民的语汇是丰富的、生动活泼的，是最能表现实际生活的”。

2.要善于使用比方

卡耐基在《语言的突破》中说过：“有时你辛辛苦苦地忙了半天，结果却徒劳无功。”虽然你自己心里十分明白，可是，要想使听众像你一样明白，就必须做深入的解说。怎么办？可以试图打个比方，试说这一件事像另一件事，说这件陌生的事像听众所熟悉的事。

打比方，可以变陌生为熟悉，把深奥抽象的道理表达得浅显具体，把平淡无奇的事物描绘得生动形象。

俄国有一位杰出的宣传家加里宁。一次，他向某地农民代表讲解工农联盟的重要性。尽管他的论证详尽严谨，听众仍不明白他所说的究竟是什么。有人问：“什么对苏维埃政权来说更珍贵？是工人还是农民？”

加里宁反问道：“那么，对一个人来说，什么更珍贵，是右脚还是左脚？”

全场静默，然后掌声如雷。农民代表们都笑了。

一大篇抽象的道理没能说服农民代表，一个小小的比方却做到了。

3. 要善于使用短句子

实践证明：句子越长，结构越复杂，越难听懂；句子越短，结构越简单，越容易听懂。因此，在讲话时，我们应该避免使用长句，多用短句。

4. 说话要注意真实性

“实事求是”体现在我们的口语表达中就是“真实”两个字。符合客观实际、言之有物的话就是真话。说话应符合真情实感、言由心发，不说假话。说大话、说假话只会祸患无穷。

5. 说话语言要规范

我们说话时，不仅要求内容真实，形式也要规范。因此，要注意以下几点：

(1) 语音要规范

规范的标准是说准确的普通话。说话者的发音准确与否直接关系到听话者的理解是否正确。

有一位老师去一所小学给一年级的小朋友做演讲。她刚刚走上讲台，就拿出一张小图片，双手举着说：“小朋友，大家请看小肚皮（图片）。”孩子们一听要看小肚皮，纷纷解开衣扣。因为图片的遮挡，老师并不清楚小朋友当时的举动，便又问："小肚皮（图片）上有什么？"孩子们异口同声地答道："肚脐眼。"

原来，这位老师的发音有歧义，使孩子们误会了。

（2）遣词要确切

单独一个词的存在是无所谓恰当与否的，但如果这个词用在句子中，与其他词发生结构上的关系时，就有正确不正确、恰当不恰当的问题了。而且，有的词义还有大小，色彩还分褒贬。这就要求我们根据说话对象和内容准确用词。既不能大词小用、小词大用，也不能褒词贬用、贬词褒用。

小王的亲戚张大妈和儿媳总闹矛盾，为劝她们和睦相处，小王给她们写了封信。信中有这样一句话："你们不要总吵架，让别人笑话，应该肝胆相照，荣辱与共……"

小王在这句话中就大词小用了。"肝胆相照，荣辱与共"源于中国共产党与各民主党派关系的"十六字"方针，用在这里，极不准确。

与小王相反，外事局的张局长又犯了小词大用的毛病。一天，张局长与一外国访问团座谈。张局长在座谈结束时总结发言说："不管国际风云怎样变幻，我们两国都要抱成一团儿……"

"要抱成一团儿"应该用于一般的人际关系，显然不能用在两国关系上。

另外，有些词还有习惯用法。对这些有习惯用法的词，一定要按习惯使用，不能随意用其他词语代替。否则，就无法正确地表达思想。

一天，某领导主持一个追悼会，本该说“请默哀三分钟”，却说成“请难过三分钟”。三分钟过后，他还没想起“默哀”一词，于是，只好说：“现在难过结束。”

在追悼会上，习惯说“默哀三分钟”，而不说“难过三分钟”。这是约定俗成的规矩，不能改变，这样一改，就显得有些不伦不类了。

(3)停顿要恰当

停顿是指句子中间、句子之间、段落之间和层次之间的间歇。说话时该停则停，否则会影响听者的理解。

在单位的例行总结会上，一位领导做报告时说：“通过这次调整工资，极大地调动了职工的积极性，加了工资的和尚，未加工资的同志，都纷纷表示……”此“妙语”一出，全场听众哗然，纷纷揶揄道：“我们不是少林寺，何来和尚?”“怪不得我们这些人没涨工资，原来指标都给庙里了!”

用凝练的语言表达观点

在交流思想、介绍情况、陈述观点、发表见解时，为了使对方能在最短时间内明白自己的说话意图，领会要领，人们往往会力求简洁，尽量使用概括凝练的语言，提纲挈领地把问题的本质特征表达出来，从而达到几句话就说明重点、以少胜多的效果。这样，才算拥有好口才。为了做到这一点，应注意什么呢？

1. 尽量用言简意赅的句子

很多领袖人物都具有这种能力，他们善于把握整体形势，抓住问题的症结，且用精当的语言加以概括表达，从而达到惊人的效果。

美国第十六任总统林肯，在一次溯江视察途中，与同船的船员们握手时，有一位工人把手缩着，面对总统，他腼腆地说："总统，我的手太脏了，不便与你握。"林肯听后笑道："把手伸过来吧，你的手脏了是因为联邦加煤了。"短短一句话，听上去平淡无奇，却高度概括、充满感情、直击人心。

其实，不管世事多么复杂，思想多么深奥，说到底，都能经过概括、浓缩。而这些思想的本质、核心和精华，只要抓住它们，就能提纲挈领，一通百通，产生"片言以居要，一目能传神"的效果。恩格斯曾说："语言简练的句子，一经了解，就能牢牢记住，进而变成口号。"

2.只说中心句，不要啰唆

说话啰唆除了自身的语言习惯，还可能是因为我们低估了听者的理解力。因为总担心别人听不懂，所以就有一种冲动，要把自己想到的东西一股脑地全说出来。要么一层意思正说反说都阐述一遍；要么一个问题无限延展，滔滔不绝。

比如，《大话西游》里的唐僧，他最出名的那个桥段就是跟孙悟空抢月光宝盒的时候说：

"你想要呀？你想要说清楚就行了嘛，你想要我会给你的，你想要我当然不会不给你的，不可能你说要我不给你，你说不要我偏给你嘛……"

这么一大段话里，他的核心意思就是一句话：“想要就直说，说了就给你。”我们正常思考，都会觉得这句话没有什么难理解的，一说就懂。可当你已经听懂了，他还继续解释你已经知道的东西，自然给你的感觉就是啰唆。所以我们说话的时候，应该只说中心句，表述清楚就行了，要避免啰唆。

3. 通俗明快

要想说话简洁洗练，就要使自己的语言“少而准”“简而丰”，重要的是培养分析问题的能力，学会透过事物的表面现象，看到事物的本质特征，并善于总结概括。在这个基础上形成的交流语言，才能准确、精辟、有力度、有魅力。同时，还应该尽量多掌握一些词汇。此外，“删繁就简”也是让自己言语通俗的一种有效方法，古代有一首“制鼓歌”，原文16个字：“紧蒙鼓皮，密钉钉子，天晴落雨，一样声音。”后来，有人缩短为12个字：“紧蒙皮，密钉钉，晴落雨，一样音。”更有大胆者将其缩为8个字：“紧蒙，密钉，晴雨，同音。”从意义上说，这8个字与20个字相比，毫不逊色。

值得注意的是，简洁绝不能为简而简，以简代精，而是要从实际效果出发，简得适当，恰到好处，否则，硬是掐头去尾，只能“捉襟见肘”，挂一漏万，得不偿失。任何事物都有二重性，简短的语言有时很难清晰地表达复杂的思想感情。与人交往，过简的语言则有碍于相互间的了解，有碍于心灵的沟通。同时，简短也是相对的，不是绝对的。总之，简短应以精当为前提，该繁则繁，能简则简。

数字是最有力的事实论据

几十年前，飞机的出事概率较现在高，媒体一报道事故，经常外出的人，就提心吊胆。

一次，一位旅客前往航空公司咨询相关事宜，他充满顾虑地对售票员说：“小姐，我想乘坐飞机出行，但我担心飞机会出现事故。如果真的碰上了，这条命就没了。”

售票员语重心长地说：“先生，飞机出现事故是一件非常严重的事情。正因为这样，出一次事故便吓坏了旅客。其实，飞机的出事概率还没有中大奖的概率高呢，这种事情太少见了。”

那位旅客若有所思地说：“有道理。”

售票员见状继续说道：“近年，有关部门对飞机失事问题进行了许多调查和安排，飞机出事概率已经相对地减少了许多，飞机比过去更安全了，确切地说，其出事概率已连五百万分之一都不到。因此，乘坐飞机出行是相对安全的。”

售票员一席话，使那位乘客的不安全感一扫而空，面对客观的“数字”依据，该旅客痛快地订了机票。

售票员说服旅客时所使用的方法，就是用数字说话。她以数字为依据，一针见血地打消了旅客的顾虑。这种方法值得人们学习。

数字是最有力的事实论据，人们都愿意相信。在美国有不少专门为企业、个人提供数字依据的公司，许多规模较大的公司的主要职责，就是通过市场调查，得出一些准确的数据，为领导决策提供参考。英国政治学家迪斯莱说过：“谎言有三种，单纯谎言、令人讨厌的谎言和数字。”

常州标业机械厂的推销员就是依此说服了河南密县一位开汽车跑运输的个体户，成功售出装载机。当个体户向推销员询问装载机的好处时，推销员说：“现在，使用装载机的地方很多，但很少人拥有它，如果能买上一台装载机，不但不会赔钱，反而还会大赚一笔。自己不用时，可以将其出租，以市场价来看，出租一台机器每小时不低于60元，照这样算，一天的纯收入大约是500元。以此类推，只需要8个月，便能赚回本钱，以后不就可以赚钱了吗？而且远比你现在更赚钱。”个体户立即改弦更张，跟常州标业机械厂的推销员签下了订单。

利用数字来达成交易，不失为一种很好的策略，其成功的关键在于人们能不能将数字与口才连接在一起。

在一家地毯专卖店里，一位顾客走到一块地毯前，向营业员询问价格。营业员答道："每平方米24.8元。"顾客听后随口说了句："太贵了。"转身便要离开，营业主管目睹了整个过程，走过来对顾客说："您好，我是这里的主管，事实上如果您想在您的卧室铺这块地毯，只需花1毛多钱。"顾客好奇地问："1毛多钱，这怎么可能?"主管解释道："我替您计算过了，如果您的卧室是10平方米，每平方米地毯需24.8元，地毯的实际寿命大约是5年，每年按365天计算，您每天花1毛多钱就可以拥有铺有美丽地毯的卧室。"

听完主管的解释，顾客赞同地点头，立刻买下了这块地毯。

第三章

快速表达，瞬间征服人心

顺畅交流，第一句话很关键

在和别人进行交流的时候，通常都会遇到这种情况，不知道怎么开启话题，也不知道该怎样和对方说第一句话，吸引对方的注意。有时，第一句话就奠定了整个沟通过程的基调。第一句话说得好，就能够较为顺利地交流，起到事半功倍的效果；如果第一句话说得不好，就无形中在彼此间形成了一个障碍，丧失众多机会，不能体现自己的水平与能力，也不能将交流继续进行下去。

第一句话说得好，能够让对方觉得你这个人比较自然大方，并不拘束、忸怩和做作，能够很好地展现自己的风度，让对方感觉到你对他的尊重。

苏联卫国战争时期，卓娅是当时著名的女英雄，盖达尔是著名的儿童文学作家。在一场大雪过后，盖达尔来到公园里，兴致勃勃地堆起了雪人。这时，他听到身后传来了“咯噔咯噔”的脚步声，他知道，有人向他走来了。盖达尔下意识地回头一望，只见一位年轻的姑娘向他走来。那位姑娘非常有礼貌地伸出了右手，说道："我认识您，您是著名作家盖达尔先生，我曾经拜读过您的全部著作。"盖达尔也风趣地说道："我也认识你，你大概是七年级或是十年级的学生。我也曾读过你的全部著作：代数、物理、三角。"卓娅被逗得笑了起来，于是高高兴兴地作了自我介绍。从此以后，两人就成了好朋友。

这样，著名的女英雄卓娅就和这位著名的儿童文学作家相识相知了。在初次见面说第一句话的时候，一定要仔细斟酌。人们都认为第一印象很重要，其实第一句话也很关键。赤壁之战中，鲁肃见诸葛亮的第一句话是："我，子瑜友也。"子瑜，就是诸葛亮的哥哥诸葛瑾，他是鲁肃的挚友。短短的一句话就定下了鲁肃跟诸葛亮之间的交情。

这第一句话，就像打井一样，只有找准位置、力度适宜，话题才能像水一样源源不断地涌出来；如果找错了位置，就算你有大力神赫拉克勒斯那样的力量，也无济于事。

A是经济学界的泰斗与领军人物，对许多经济现象都有自己独特的见解，具有一定的权威性。作为老一辈的学界名人，自然就会形成一种气势。一天，他参加一个学术会议，在会议上，一位参会者想要和他谈论一下当前出现的经济现象与事件，但一直在犹豫，也不知道怎么开口。忽然，他头脑中闪现这样一个想法，听说A说话比较直截了当，并不喜欢寒暄太多。于是，这位与会者就对A说：“叶老您好，最近身体可好？听闻你对××经济事件有自己独特的看法，能谈谈您对这一经济事件的见解吗？”A听了他的话，感觉这位年轻人是有礼貌的，也是尊师重教的，他所说的这个话题正是自己一直关注的。不自觉间，这位参会者的第一句话就拉近了其与A的关系，当时两人相谈甚欢。

如果当时这位与会者随意地吹捧，留给A的印象只能说这个人有溜须拍马之嫌。初次见面的第一句话，是留给对方的第一印象。说好说坏，关系重大。在说第一句话的时候，要注意掌握分寸，恰到好处，不能乱吹捧，既要表达敬意，也要适度。

在与人交往方面，与熟人聊天可以侃侃而谈，可是一遇到陌生人就紧张得不得了，不知道该说什么，也不知道用什么来引起要谈论的话题。这时候的第一句话要尽量选择彼此都比较感兴趣的话题，保持平常心态，不要被对方的身份、地位所吓倒。

IT业巨子约翰·史密斯曾被享有“电脑工业宠儿”美誉的滑铁卢大学请去做一次演讲。史密斯准备了很长时间才把演讲稿的内容背熟，但是就在登上讲台之前，他对陪同自己一起来的朋友阿诺德说：“哦，真该死，演讲稿上的东西我全都记混了！”阿诺德说：“没关系，你就按照自己的想法讲就好了。”

约翰·史密斯想了想，演讲很大程度上就是自由发挥，没有稿子发挥的效果或许会更好。但是怎样开口说这第一句话，既能吸引听众的关注，引起他们的兴趣，也能够更好地引起今天演讲的主题呢，这是一个难题。

于是，约翰·史密斯第一句话是这样说的："大家好，我是今天的主讲人，但是大家知道我是谁吗？当时我可是曾经被滑铁卢大学拒绝的人呢……"这一开场白，不但简要地介绍了自己，也成功地引起了听众的注意力，为什么当初被拒绝的人现在还会做讲座，有什么特别之处吗？

第一句话奠定了整个演讲的基调，听众对于这个演讲人与他引出的话题都表现出了极大的兴趣，之后就连史密斯自己也没有想到，他竟然发挥得如此出色，酣畅淋漓地说了很多计划以外的东西，令在场的师生无不竖起大拇指。

第一句话是和对方进行交流、引起对方注意的关键，也是开启良好沟通与交流的重要敲门砖。第一句话说得好，整个对话就会在愉快的氛围中进行，不会陷入尴尬、无话可说的境遇；第一句话说得不好，整个对话就会显得比较别扭，双方都在努力地寻找着话题，但是又很难进行深入的交流，仅仅是表层的沟通。

简明扼要，把自己介绍清楚

在人际交往中想认识某个人，而又无人引见，可以向对方作自我介绍。一般说来，自我介绍就是把自己的基本情况告诉别人。如姓名、身份、职业、特长等，旨在使别人了解自己，尽可能为自己提供便利，并与别人建立关系。人们初次见面，都会产生一种希望了解别人并得到别人尊重的心理，及时简明的自我介绍，可以实现别人的这种希望，别人也会随之作自我介绍。

自我介绍的内容，可根据实际的要求、所处的场合而定，要有明确的针对性。在某些公共场所和一般性社交场所，自己并无与别人深入交往的愿望，作自我介绍只是向别人说明自己身份。这样的情况只需说出自己的姓名，如“您好，我叫王海”或“我是王海”。有时，也可以解释一下自己的姓名，如“我叫陈华，耳东陈，中华的华”。如果因公事、工作需要与人结交，自我介绍应包括姓名、单位和职务，没有职务可介绍从事的具体工作。如“我叫王海，我是××公司的总经理”或“我叫张华，我是做软件研发的”。

在社交中若是希望别人记住自己，以作进一步沟通与交往，自我介绍时除姓名、单位、职务外，还可以谈论些共同的熟人、兴趣和爱好等。

在自我介绍时要简明扼要，充满自信，态度要自然、亲切、随和，语速要不快不慢，目光正视别人。在社交场合或工作需要时，自我介绍应选择恰当的时间，当别人无兴趣、无要求、没有心情，或正在休息、用餐、公务在身时，切忌去打扰，避免尴尬。若在讲座、报告、庆典、仪式等正式隆重的场合向出席人员介绍自己时，就要简明扼要。例如：

“我叫柴××，1968 年毕业于哈尔滨工业大学机械专业，本科学历。

“1970 年我开始在××汽车制造厂油泵车间当技术员，1980 年晋升为工程师。从 1983 年起至今，承包厂服务公司的汽车修理厂。三十多年来，我一直研究国内外机械加工方面的先进技术，对汽车油泵的品种、规格、型号、质量、工艺流程、市场销售也比较了解，有丰富的管理经验。我今年 45 岁，正处事业发展的上升期，很想干一番事业。我个人做事果断，敢于拍板，敢于负责。只要给我一定的时间，比如 10 天，我就能把全部情况弄清楚，拿出办厂的具体方案，提出上缴利润的指标。”

上面是投标时某汽煤油泵厂的柴××所作的自我介绍，较为具体详尽，既全面介绍了自己的学历、经历、兴趣、专长、能力和性格，又表示了自己的希望和信心，因而博得了招标单位的广泛信任，为之后中标奠定了基础。

善表达的人，会先说一些让对方认同的话

奥韦司基教授在他的《影响人的举动》一书中说：“当一个人开始‘否定’时，就形成了一道心理防线，他就要固执下去，来维护自己的人格尊严。即使他意识到自己的‘不’并不正确，他也不会放弃自尊，而是继续固执下去。”因此在开始谈话时，最重要的是先说一些对方认同的事情。

会说话的人，一开始会说一些让对方认同的话，从而让人忽略分歧，不再抵触自己，进而愿意接受意见。就像打壁球，顺着球的方向打，它更容易前进。某银行的职员曾用这种“用对方认同的事作为开场”的技巧，留住了一位顾客。事情是这样的：

有位顾客要在詹姆斯·艾伯森所在的银行开一个账户，詹姆斯·艾伯森便给了他一些例行手续的表格去填写，但对于表格上的一些问题他毫不犹豫地填写，有些他却坚决不填。

要是刚来银行工作那会儿碰到这种情况，詹姆斯·艾伯森一定会告诉他，如果不填那些信息的话，银行不会给他开账户。那样做当然痛快，但那不是他乐于采用的，一个来开账户的人希望被尊重，于是詹姆斯·艾伯森决定使用让对方认同的事作为开场的技巧。因此，詹姆斯·艾伯森对他说，他拒绝填的那些信息，并不是非填不可。但他接着又说："可是，假设在你去世的时候，银行是否有责任把这笔钱转到你的继承亲友那里呢？"

听了詹姆斯·艾伯森的话，这位顾客作了认同的回答。

詹姆斯·艾伯森继续说："如果我们知道了你最亲近的亲属的名字，是不是很方便呢？如果你去世了，我们就能够迅速而准确地实现你的愿望，对吗？"

这位顾客又作了肯定的回答。

其实，这时这位顾客的态度已经改变了，因为他了解到银行为什么会有这样的规定，不是为了别的，正是为了顾客着想。在离开之前，那位年轻人又听从詹姆斯·艾伯森的建议开了一个信托账户，把他母亲填为受益人，很配合地回答所有关于他母亲的信息。

这里詹姆斯·艾伯森采用的就是"用被对方认同的事情作为开场"的切入技巧，层层引入，成功说服对方改变态度。由此可见，当你希望别人同意你时，不要一开始就与他争论，要以他认同的事情作为开始，打开沟通的大门。

交际场合往往会出现这种情况：有的人口若悬河，滔滔不绝，十分健谈；而有的人即使坐了半天，也无从插话，找不到话题。为了让自己说的话被对方更好地接受，我们可以用被对方认同的事情作为开场。

有一个实例，曾经某家庭电器公司的推销员挨家挨户推销洗衣机，当他到一户人家里，看见这户人家的太太正在用洗衣机洗衣服，就忙说：

“哎呀！这台洗衣机太旧了，用旧洗衣机是很费时间的，太太，该换新的啦……”

结果，不等这位推销员说完，这位太太马上产生反感，驳斥道：“你在说什么啊！这台洗衣机很耐用的，到现在都没有故障，新的也不见得好到哪里去，我才不换新的呢！”

过了几天，又有一名推销员来拜访。他说：

“这是令人赞叹的旧洗衣机，因为很耐用，所以对太太有很大的帮助。”

推销员先站在这位太太的立场上说出她心里想说的话，使得这位太太非常高兴，于是她说：

“是啊！这倒是真的！我家这台洗衣机确实已经用了很久，是旧了点，我倒想换台新的洗衣机！”

于是推销员马上拿出洗衣机的宣传小册子，提供给她做参考。

用被对方认同的事情作为开场这种切入话题的推销技巧确实大有帮助，因为这位太太已被动摇而产生购买新洗衣机的想法。至于推销员最后是否能说服成功，无疑是乐观的。

用被对方认同的事情做开场的技巧其实是利用了对方一种心理状态。当一个人不认同一件事的时候，他的整个心都处于抵触中，并形成一种紧张感去抗拒别人的观点。反之，当一个人认同一件事，他的整个心便处于欢迎和开放的状态，就越容易接纳别人的意见。

所以，生活、工作中当我们用对方认同的事作为交谈的开场，就能让其容易地接受我们的意见。

“心理名片”效应：交谈要找准切合点

“心理名片”效应指两个人在交往时，如果首先表明自己与对方的态度和价值观相同，就会使对方感觉到你与他可能有更多的相似性，从而很快地缩小与你的心理距离，更愿意与你接近，结成良好的人际关系。 在这里，有意识、有目的地向对方表明态度和观点会如同名片一样把你介绍给对方。

运用到我们的处世谈话上，可以将“心理名片效应”理解为要让对方接受你的观点、态度，你就要把对方与自己视为一体。 首先向对方传播一些他们所能接受的和熟悉并喜欢的观点或思想，然后再悄悄地将自己的观点和思想渗透进去，使对方产生一种印象，即我们的思想观点与他们已认可的思想观点是相近的。

仔细观察我们周围的人，无论是二四成双还是五六成群，能真正聊到一起的大概嘴里说的都是同一个话题，而且彼此的关系会随着话题的不断深入而逐渐加深。 这就是“心理名片效应”在人际交往中所起到的作用。

一般在与别人初次交谈时，大都以寒暄开始，但因为彼此不太熟悉，往往使谈话匆匆而终或难以良好地进行下去。如果在寒暄时能够插入一些个人话题引起对方的共鸣，比如赞美对方引以为荣的事情等，这样一来彼此有了相似的心声，也相当于给了对方一张了解你的“心理名片”，通过它让对方知道你们有着共同的兴趣，使你们在心灵上更靠近。

恰当地使用“心理名片”，可以尽快促成人际关系的建立，但要使“心理名片”起到应有的作用。首先，要善于捕捉对方的信息，把握对方真实的态度，寻找其可以接受的观点，制作一张有效的“心理名片”；其次，要寻找时机，恰到好处地向对方展示你的“心理名片”，这样，你就可以达到目标。

掌握“心理名片”的应用艺术，对于处理人际关系具有很大的实用价值。

第一，要根据别人的兴趣爱好说话。人们由于职业、个性、阅历及文化素养等方面的不同，兴趣和爱好也有所不同，而且有些人的兴趣、爱好还会因时因地而有所变化。比如，有的人年轻时对垂钓感兴趣，而到了晚年，却爱好养花种草。若知道你的交际对象对某方面感兴趣，你与之交谈时不妨先谈些与其兴趣有关的话题，这样对方就容易向你打开话匣子。

第二，要根据对方的性格特点说话。平时，我们面对的交际对象性格迥异，有的生性内向，不仅自己说话比较讲究方式方法，而且也很希望别人说话时有分寸、讲礼貌，因此，与这样的交际对象交谈时，要注意说话方式，尽量对其表现得尊重和谦恭一些。当然，也有的交际对象性格比较急躁、直率，讲话犹如拉风箱般直来直去，与这样的交际对象交谈时，要开门见山，不要兜圈子，同时，也不要太计较对方的说话方式。

第三，要根据对方的潜在心理说话。话要说到对方的心坎上，就要注意揣摩交际对象的心理。如果你说的话与对方的心理相吻合，对方就乐于接受；反之，你说的话就会使对方产生排斥心理。

第四，要根据对方的不同身份说话。我们在生活中要与不同身份的人说话，因此，针对不同的身份，所选话题也应有所不同，即要选择与其身份、职业相近的话题。比如，你在旅途中遇到了一位老农，如果你把话题引向现代女性的美容上去，就是“牛头不对马嘴”了。倘若你说：“大叔，今年的收成咋样啊？每亩地的玉米能收多少？”这样，就能激起老农与你谈话的共鸣点和兴奋点。

最真实的表达才能打动人心

不管我们用什么技巧或手段，我们在谈话中的最大的目的就是打动别人，获得别人对你的认同感，不论是谈判中取得胜利还是平时闲谈中博得赞同，其实都是一个打动别人的过程。

而最能打动人心的话往往不是技巧而是真实的表达，由真实的话语带来的认同感能维持很久，历久弥新。

美国前参议院议员罗慈和当时的哈佛大学校长罗威尔在欧战结束后不久，一同被请到波士顿去辩论国际联盟的问题。当时罗慈关于国际联盟的观点谈不上是主流观点，所以被大多数人所不认同。罗慈自己也觉得波士顿的大部分听众会对他的观点表示仇视。

可是他决定让听众改变对他的看法。我们不妨来看看他演讲的第一段：

校长、诸位朋友、诸位先生、我的同胞们：

罗威尔校长给了我这一个机会，使我能够在诸位面前说几句话，对此我感到十分荣幸。我们两人是多年的老朋友，而且都是信奉共和党的人，他是拥有最大荣誉的大学校长之一，是美国最重要、极有权威和地位的人之一，他还是一位研究政治最优秀的学者和史学专家之一。现在，我们对于当前的重大问题，在方法上也许有所不同。然而，在对待世界和平以及美国人的幸福的问题上，我们的目的还是一样的。如果你们允许的话，我愿意站在我本人的立场上来简单地说几句。我曾用简明的英语，一次又一次说了好多遍了，但是，有人对我产生了误解，竟说我是反对国际联盟的，而无论它是一个怎样的组织，其实，我一点也不反对。我渴望着世界上一切自由的国家，大家都联合起来，成立我们所谓的联盟，也就是法国人所说的协会。只要这个组织能够真正联合各国，各尽所能，争取世界永久和平，促成环球裁军的实现。

听完罗慈讲完这一段话，即使最强烈反对他的人，也无法对他提出相悖的意见。 为了称颂听众对祖国的忠诚和热爱，他称听众为“我的同胞”；为了同思想流派缩小彼此意见相悖的范围，他坚持着说他们的不同点只是方法上琐碎的小枝节，而对于美国人的幸福以及世界的和平诸多大问题，他们的观点是完全一样的；为了赞美他的反对方，他敏捷而郑重地提出他们共同的思想。

最后他更进一步地说，他也赞成国际联盟的组织是应该有的。 分析到最后，他和对方的不同点，只是他觉得“我们应该有一个更完善的国际组织”。

无论听众对演说者的意见有过怎样激烈的反对，对他的主张有多么的不认同，但是当听完这样一个开头之后，听众们都觉得心平气和了些，感觉自己的心被打动，也不再那么仇视罗慈。

但是如果罗慈的演说开头就运用政治家熟练使用的演讲技巧，用讽刺、夸张等手法把那些信任国际联盟的人加以批评和嘲笑，说他们的观点真是幼稚、荒谬达到极点，并且一点都不认同他们，那结果当然必败无疑，肯定会被众多听众攻击，不会打动他们。

从罗慈这篇质朴的演讲稿中，我们可以看到通篇没有任何技巧，唯一彰显的就是真诚和真实，而这恰恰是最打动人心的。

真实的表达能让听众产生一种信任感、安全感，多一分真心，多一分赤诚，就能多收到一个好的反馈；大量的事实证明，讲话的魅力并不在于话说得多么流畅动听，而在于是否真诚，讲坦率诚实的话，永远能获得他人的支持和拥戴。

一位农民工被老板拖欠工资，实在走投无路，他爬上该城市主干道的立交桥，要跳桥自杀。人的生命何其宝贵，他的行为引起了大家的注意，很多人都在下面劝他，让他赶紧撤回到安全的地方，不要做傻事，让他想想自己的未来，但是这位农民工去意已决，他一步步攀上立交桥最高的地方，准备往下跳。

在这千钧一发的时刻，公安部门的谈判专家来到了现场，谈判专家看到农民工情绪激动，他马上拿起扩音器说道："兄弟，谁把你害成这样的你恨不恨？你这样死了一了百了，欠你钱的人高兴了，他永远不用给你钱了，你这一死可让你老板高兴得拍大腿啊！再想想你的老婆、孩子，他们娘俩可怎么过？"

农民工听完这些，他无力地坐倒在桥边上，放声大哭，这时他身后的民警迅速上前，一把把他抱住，拖到了安全的地方。

之所以这么多人劝农民工，他都不下来，而谈判专家的几句话就能让他放声大哭，关键点就在于谈判专家的真实的话语打动了他的心。

一个人在想死的时候，跟他说生之可贵、死之可惜都太虚了，他根本听不进去，这些没有办法打动他，唯有最真实的，和他最切身相关的，才能触动到他绝望的心，从而重新激起他求生的欲望，真实的话看似朴实无华，却蕴含着最大的能量。

由此可见，真实的语言，不论对说话者还是对听话者来说，都至关重要。说话的魅力，不在于说得多么流畅、多么滔滔不绝，而在于是否善于表达真诚。

总之，真诚的语言是最能打动人的，巧妙地运用充满真情实意的话语，可以促使说者与听者产生情感共鸣，可以使双方的关系变得融洽，从而营造出一种良好的沟通氛围，赢得广泛的人际关系，为成功创造有利的条件。

与陌生人交谈，尺度是关键

大学毕业后，王丽到一家公司上班。一天，她因公去外地出差。在车库里，偶遇一美国游客。出于礼貌，王丽先与对方打了一声招呼，王丽认为，作为东道主，如果不与这位姑娘热情地寒暄几句，是失礼。于是，王丽操着一口流利的英语，大大方方地与姑娘聊了起来。

在交谈过程中，王丽无心地问道："你今年多大岁数了？"听到这么一问，姑娘很诧异，敷衍地反问："你觉得呢？"王丽感觉似乎有些不对劲，便转移了话题说："依你的年龄看，一定成家了吧！"结果，谈话就此结束。姑娘冷冷地看了王丽一眼，把脸背了过去，不愿与王丽继续交谈下去。此后，二人再无对话，直到王丽驱车离开。

俗话说："酒逢知己千杯少，话不投机半句多。"王丽在与姑娘交谈时，正是因为话不投机，两人才会不欢而散。她的寒暄无意中问及了对方的个人隐私。在国外，随便打听别人的年龄、结婚与否等都属于不礼貌的言行。由于不了解这一点，王丽破坏了谈话气氛，没能给别人留下良好的第一印象。

为了营造良好的谈话氛围，在与陌生人交谈时，必须把握分寸，吸引对方的注意。那么，怎样才能达到这样的效果呢？以下几点可供参考：

1. 避开别人的缺点

在与陌生人交谈时，以双方都认识的第三者介入话题，有利于拉近双方距离，引起感情上的共鸣，这是我们人际交往中的常用策略。但是，在交谈时最好不要谈第三者的缺点。否则，这会使对方产生戒备心理，给别人留下你喜欢说长道短的印象，对结交朋友没有任何好处。

2. 有自己的主见

与人交谈时，千万不要人云亦云，要有自己的主见。当然，在说话前，还要仔细分析事情的发展形势，将问题逐级提升。要知道，好多事情并不是那么浅显的，如果只看到表面现象，很容易跟着别人的思路思考问题。这样做不但不能引起别人的注意，反倒会让别人怀疑你的能力。

3. 说话时要谦虚谨慎

现实生活中，很多人喜欢夸夸其谈，无论什么场合，都喜欢当主角，言谈举止中流露出不屑一顾的神情，这正是交际所忌讳的。与人交往，尤其是与陌生人交往，务必注意自我的一言一行。一句自夸的话，往往就是一粒丑恶的种子，一且将其播入他人的心田，就会长出令人讨厌的果实。

4. 说话要言简意赅

俗话说：“一锅豆腐磨不完，啰里啰唆招人烦。”说话精简的人使人觉得他的话语主题清楚，同时，也会给别人留下他干练的印象。而说话啰唆的人，往往说不清楚重点，让人觉得痛苦不堪。

5. 告辞要讲究方法

与人交谈的过程中，结束语使用得当，可以给交谈画上一个圆满的句号，结束语使用不当，则可能使之前的努力归于白费。

当双方谈到尽兴之时，如果有急事必须离开，最好不要把着急的神情表现出来，也不能匆匆忙忙地说出离别之言，以免忙中出错。正确的方法是等待对方说完，这样做表现了你对对方的尊重，可使对方对你产生好感，希望再次与你交谈。

说话需要有一定的水平，特别是面对陌生人的时候，更加考验一个人的人际交往能力。在初次交谈时，把握好一个度，有助于让沟通变得顺畅。

礼貌表达，让别人喜欢你

中国素有文明古国和礼仪之邦的美誉，在物质生活极度丰富的今天，更应重视精神文明。在人与人的交往中，如果人人都能注重文明礼貌，大家的心情就会十分舒畅，进而相处得非常和谐。

能尊重别人的人，亦受他人的尊重。只要我们心怀谦逊，随时注意说声“请”“对不起”“谢谢”，就能减少很多摩擦和不必要的误会。

你当然明白这些字眼的意义，但具体要如何运用呢？

身边的同事上班时，为你倒杯茶，你应该说：“谢谢！茶梗还浮在上面，肯定是新泡的吧！嗯！由你倒的茶特别香。”对方必是无比欢欣，觉得不枉费一番辛劳。

曾听朋友讲过这样一件小事：

几个刚从大学校园毕业的年轻女孩去百货公司购物，在上厕所的时候，碰到清洁工们正在打扫卫生，其中一人随口对那位瘦弱的清洁工说：“辛苦你啦！”这位清洁工激动得看着对方说：“谢谢！ 您真是个好人。”

后来，朋友感慨道：“也许，从她上班那天起，还未曾有人对她说句‘辛苦你啦！’的话，大部分人只想到她是个扫厕所的工人，那些是她的职责所在，无需多言。 而一句简单的‘辛苦你啦’，足以让她欣慰，让她感到温馨。”

有人曾做过一次问卷调查，访问送报者，询问他们工作何时最快乐，其中二十人答领薪水时；而七十人答当顾客说“你辛苦了”时最感欣慰，这也是同样的道理。

我们感谢别人帮忙做了一件事时，最好说：“你辛苦了！因为你的帮忙，才让事情得以顺利完成。”

我们如果不知恩图报，反而说：“什么，怎么是这种办事效率？ 既然答应帮忙又为何拖泥带水的？”这么一来，即使对方有意突破困难，助我们一臂之力，也会心灰意冷，心想：“谁会再帮这种人的忙？”

其实，不管我们是否心情愉快，多说“辛苦了”“谢谢你”，总不会惹人厌烦，说不定，看到别人回馈的微笑，自己的心情也会开朗许多。

当我们把麻烦和不便带给别人时，一句“对不起，实在是我自己不小心啊！”或“对不起，我并非故意的，请见谅！”等语句，便可大事化小，小事化了，不会节外生枝，惹些意外的纠纷。

别人表示感谢时，你说“别客气”，往往代表着对对方的尊重，若因此而引起人家对你礼貌周到的好感，自己心里也会有惊喜和欣慰！

掌握技巧，抓住听者的心

语言可让别人改变对你的看法，对你有一个全新的认识，抓住听者的心，就是最重要的手段之一。如何才能抓住听者的心？

1.察言观色，了解对方心理

现代社会的人际交往，还需建立在察言观色的基础上，这是交际中必不可少的。因为少了察言观色，就会缺少原动力，失去有利优势，自然不能了解对方心理，更谈不上说出他人想听的话了。

例如，对一个刚刚失业的人来说，最讨厌听到的就是有关工作的话题。假如你忽略对方所思所想，很可能说出不得体的话，使对方对你产生看法。此时，你最应该做的，是尽力开导、安慰对方，可借用两句歌词："心若在，梦就在，天地之间还有真爱；论成败，人生豪迈，只不过是从头再来。"让对方重新振作起来，开创新的事业，还可以告诉他如今的许多成功人士也曾有艰辛的时期。这样，双方感情很快就会被拉近。

社交过程中，有些人感叹与人沟通难于上青天。 其实并非如此，只要具备察言观色的本领，就一定能把话说得更加动听，更能抓住听者的心。

2. 把握时机，巧妙插入话题

与人交谈的过程中，不要放过任何一个结交朋友的时机，一旦发现时机，一定要努力抓住。 但是，前提是要让所说之话抓住别人的心。 其实，要想把握住交谈时机并非难事。 只要在适当的时机介绍、表现自己，再以恰当的话题介入交谈，让对方充分了解自己，就能拉近双方感情，还有可能在言语上引起共鸣。

王先生非常喜欢晨练，一天，他在晨练过程中，听到了一位女青年动听的歌唱。王先生停住了脚步，静静欣赏品味。片刻后，他很礼貌地对青年说："你的歌声非常好听，你很有音乐天赋，你的歌声吸引了我。"女青年高兴地说："谢谢，我是北京音乐学院的学生，已经学习音乐三年多了。"双方经过自我介绍，逐渐找到了共同点，即热爱音乐，向往音乐的圣殿，这样，双方都加深了了解，拉近了彼此的距离。

实际交往中，我们会遇到形形色色的人，与其交往，一定要因人而异。 对待性格比自己更内向的人，要以轻松活泼的话题为主，如籍贯、天气等，千万不要跟对方谈论一些大的哲学道理或学术问题，这样，会给对方造成压力，为继续交谈制造障碍。 与性格外向的人交谈，最重要的是不要打断对方的话，多给对方表达的机会。

与人交谈，无论熟人还是陌生人，都必须注意谈话内容的选择，尽量避免那些容易引起争议的或尖酸、刻薄的话。为此，当选择某种话题时，要特别留意对方的眼神和小动作，如察觉对方厌倦此话题，应立即转换话题。如果自己的言语伤害到了对方，必须立刻向对方道歉，请求对方的原谅。

3. 交谈还要收好尾

告别语运用恰当，不但能为交谈画上圆满的句号，还可以给别人留下深刻的印象，使对方产生意犹未尽的感觉，希望能再次与你交谈。如在结束语中，加入这样的祝福话语："祝你身体健康，工作顺利""今天与您结识真是三生有幸，希望有空再联系""有什么能帮上忙的事情尽管开口，我一定尽力而为"等。当然，听者听到这类语言也应有所回应，如："也祝你工作顺利、万事如意""相识即是有缘，谢谢你的盛情款待，有空我们再聚""谢谢，你也是，有需要帮忙的一定效劳"等。这样，谈话双方的感情一定会升华到一个新高度，为日后交往奠定基础。

其实，要想把话题深入下去，使双方产生共鸣，最为有效的办法，就是谨遵上述几点。情要热，语要妙。情热，是指用满腔热情对待交谈对象，待人必须真诚；语妙，就是指用词得当、彬彬有礼，表现出应有的风度。切忌不顾及对方感受，自顾自地讲个没完；过分热情也会给人传递错误的信号，使对方认为你对他图谋不轨，从而对你提高戒备心理，这对深入话题、引起共鸣非常不利。

与人交谈时，只有抓住对方的心，才能把话说得更漂亮、动听，才能给人留下深刻印象。要知道，一句漂亮的话，如同一颗善意的"种子"，在诚挚精心护理之下，定能开花结果。

第四章

表达要抓细节，别在小事上犯错误

称呼得体，为交流打好基础

称呼是指在社会交际中，人们彼此所采用的称谓语。 它是言语交际的“先锋官”，在日常生活中，称呼应当亲切、准确、合乎常理。 正确恰当的称呼，不仅能表现对对方的尊重和自身的文化素质，还能够让交际更加有效。

称呼得体就像行个见面礼，使对方获得心理上的愉悦，使交流顺畅，使交际成功。 相反，称呼不得体往往会引起对方的不快甚至不满，使双方陷入尴尬境地，造成交往梗阻乃至中断。 因此，无论是在生活中，还是在职场上，要想生活顺心、事业发展，都需要注意研究人际称呼的技巧，恰当地称呼他人。

恰当的称呼多种多样，并没有什么统一的模式。 不同的地区、不同的民族和不同的语言习惯，称呼的习惯都可能差别很大；不同职业、职务、性别、年龄的人，对称呼的需求和期望也不尽一样。 这就造成了称呼语的复杂性和多元化，增加了称呼得体的难度。 但有一条是相同的，那就是要尊重他人和礼貌待人，这样，对方心里就会产生一种自豪感和满足感，同时对方也愿意与你交往，主动和你沟通，这就使交往有了良好的开端。但仅有此还不够，人际交往中的称呼还要注意下列事项：

1. 记住对方姓名

每个人的姓名不仅是与他人相区别的代号，而且不少人的名字还凝聚着父母对子女的希望。每个人都会重视和珍爱自己的姓名，同时，也希望别人能记住和重视它。因此，有时当自己的名字被别人叫到时，就认为自己受到重视，心中感到愉悦，对称呼自己的人会有亲切感。自古以来，众多领导人、政治家和企业家对人们的这种心理很了解，与人寒暄时不只说句“您好”，而是在“您好”前面或后面加上对方名字，这样做能起到很好的心理效果。我们对久别重逢之后仍能一下子叫出自己的名字的人，总是感激万分、钦佩不已的原因，就在于此。

2. 符合年龄身份

对方的年龄、性别、身份、职业不同，称呼也该不同。对年长者称呼要谦恭、尊重；对同辈则要态度诚恳，表情自然，亲切友善，体现出你的诚意；对年轻人要注意热情、谦和，表现出你的爱心和关心；对有较高职务或职称者要敬重，称呼要带其职务或职称。总之，要有礼貌，既表达出你对对方的真诚和尊重，又不卑不亢。切勿使用“喂”“哎”等来称呼人，同时，也要尽量避免过于热情，点头哈腰。

3. 有礼有节有序

与许多人打招呼时，如果群体中有年长者，也有年轻人或异性在场，就要注意称呼的顺序。一般来讲，应先长后幼，先女后男，先上级后下属，先生疏后熟识为佳。称呼最能表现说话人的道德素质、知识水平和文明程度，同时也体现着他的交际水平。称呼兼顾长幼的差别，会使年长者觉得受到尊重，年轻人也会心中坦然；如顺序颠倒，不但会使年长者不满，而且先被称呼的年轻人也会感到尴尬。再者应注意尊重女士，在与一个相同年龄、身份的群体打招呼时，先称呼女士，会使对方感到你有较高的素养，对方也会愿意与你交往。

需要注意，以上三点并不孤立，而是彼此制约、密切相关的，它们从不同侧面共同决定着称呼的得体与否以及称呼得体的程度。在交际活动中，我们只有根据称呼对象和交往场所等的具体情况，从多方面分析称呼对象的称呼需要，选择得体的称呼语，才能够达到良好的效果。

适度表达，让说话有权威感

同是讲话，讲话分量的轻、重是不同的，之所以有这种不同，除了讲话者自己的身份以外，讲话的方法也十分重要。

1. 预先整理

说话之前把讲话的内容先作整理，可据需要而决定，确保说出后一定要让人明白，最好不要用古词语、生僻词、中国式英语等，并且要吐字清晰，语速恰当。

2. 讲话的时候要站直

开始讲前先等几秒，等大家都看着你时再开始。与别人讲话的时候，身体稍微向前倾，这会让别人更容易接纳你的意见。

3. 少用口头禅

口头禅是指人们经常挂在嘴边的口头禅。有些人总是将口头禅穿插在一些话中，有时候会令人不快。

4. 使用幽默的语言

幽默的话有利于记忆，也可以成为自己的标志，借此，使你在别人的心中留下深刻印象。

5. 尽量用短句

短句的优点是：说起来轻松，听起来省力，有更强的吸引力。最好可以每句表达一个独立的意义，否则，内容太过复杂，导致听者不觉得轻松，交流就多了一层阻碍。

6. “言简意赅”“长话短说”

某君写了非常多的应征邮件，全部发出，大多都石沉大海。只有一封发出后收到了一封回复的邮件，上面只有“某时面谈”简简单单几个字。后来，他终身忘不了这封简单的回信。

7. 坚定、自信

讲话时力度要适中，一定要正视对方。如果讲话时眼睛不敢正视对方，握手时非常没有力气，那么，你的意志就显得不坚定，且易被人支配。

8. 要最后出场讲话

通常，讲话时愈是在最后讲到重点内容，则愈可以突显所讲内容的重要性。“重点置之于后”的心理，中国人最具有代表性。开会时，官位愈高的人愈后到；舞台上角儿演出，最后出现的角儿通常最重要。

9. 作强调时运用手势

讲话中可使用手势表现强调，但不应该做一些不恰当的手势。

10. 注意察言观色

研究表明，当一个人紧张时，声音会颤抖，目光会不时游移，而且眨眼次数增多，这时你可适时安抚。

11. 努力扩大知识面

学习的知识越多，了解得越多，见识越深刻，就可以使你在各种情况下自信满满地加入到别人的对话中。

因地制宜，说话应当看场合

人类沟通与交流的实践证明：表达同一思想内容时，不一样的场合要求使用与当时的环境相对应的语言方式，否则就达不到说话的目的。在平时交往中，成功的领导者，说话应当看场合。

谈话的场合，常见的有以下几种。

1. 自己人场合与其他人场合

我国文化传统一向是有内外区别的。对自己亲近的人“关起门来谈话”，可以无所不说，或者可以说些调侃的话；而对外边的人，却总是心怀戒备，“逢人且说三分话，未可全抛一片心”。所以，遵循内外有别的界限谈话，在社会上被认为是得体的，说话违反这一界限，很多人会认为是不礼貌、不得体。

2. 正式场合与非正式场合

在正式场所中，讲话应当严肃谨慎，事前有所准备，不能随便乱说。非正式场合中，当然可以随便一些，可以像聊家常一样，这样便于感情沟通，谈深谈透。有些人说话文雅，有些人说话非常庸俗，有时就是因为没有分清楚正式场合和非正式场合的界限。

3. 庄重场合和随便场合

“我专程来看你”，显得很庄重；“我顺路正好来看你”，显得随和，可以使对方减轻心理负担。可是，在正式的场合说“我顺路来看你”就显得不够尊重、严肃，会让听话人心里感到你缺乏诚意。而在平时的生活中明显是“顺便来看你”，却非要说成是“特地看你来了”，则没有必要，并且很可能会让对方感到不自在。

4. 喜庆场合与悲痛场合

通常，说话应该同场合的氛围相符。在别人办喜事时，一定不可以大讲让人伤心的话；在人家伤心时，你逗这个小孩玩，逗那个小孩玩，说些玩笑的话，甚至哼哼小曲调，这时，别人则会说你太不讲究场合了。

5. 适宜多说的场合与不宜多说的场合

若双方很忙，时间很少，那么，跟人说话就得简明快捷。要想谈笑风生，海阔天空，主观想法是好的，但与客观的条件不符，效果会很差。

找准时机，尽快融入别人的谈话

表达高手无论何时何地，都会让自己尽快融入别人的谈话中。那么，他们是如何做到的呢？下面有几点建议。

1. 适时地安慰对方

当别人与你谈论某事时，如果对方不清楚你是否对此话题感兴趣，常常会不知所措，有时还会为此而产生焦虑情绪，此时，应及时安慰对方。你可以说“我对你说的那件事很感兴趣，能否再详细一点”“请你继续说，我认为你说得很在理”或“我对此也十分感兴趣”。这是在告诉对方：对于你提出的话题，我十分感兴趣，可以继续谈下去。对方看到这种情形，先前的犹豫会因为你的肯定而消失。

2. 体会对方的心理感受

交谈过程中，很可能谈到某些令人气愤的事情，对方的情绪波动会很大，对此，你可以这样说：“我能体会你的心情，遇到这样的事，我和你一样气愤，没关系，事情总会有转机的”或“你心里一定很难受吧，乐观点，总会雨过天晴的”等。如此一来，对方就会对你产生亲切感，自然而然地拉近彼此之间的距离。

值得注意的是，交谈过程中，不要对对方所谈内容妄下结论，也不要说一些片面性的话，诸如“你总是对的”“他一直这样自以为是”之类的话。你的目的是融入对方的谈话，而不是滋生矛盾。

3. 做好翻译工作

与语言表达能力弱的人交谈时，让对方表达清楚自己的意思是至关重要的。有时，对方可能因为急于让你知道某些事情，在言语上会出现歧义的现象。这时，你应该仔细领会对方想表达的意思，说出对方想说的话。可以这样说，“你是说……”“你的意思是……”或“你大概想这样表达吧”，这样一来会减少对方的心理压力。对方也会认为你善解人意，对你产生好感，从而拉近双方的距离，增进彼此间的友谊，达到交流的目的。

在插入对方谈话时，以上三种方法有一个共同点，那就是对对方的谈话不妄加评判，不将个人想法转嫁到别人的思想意识中。

要想插入别人的谈话，就必须找准时机“有的放矢”，关键时刻“力挽狂澜”。只有这样，才能达到交流的目的。

采用得体的说话方式

得体的说话方式有什么特点呢？ 以下几点可供参考。

1. 表达清晰

与人交谈的过程中，言简意赅、条理清晰的说话方式，让人印象深刻，是抓住人心的第一步。 那些说话颠三倒四、含混不清的人，必须注意这方面的问题，才能让别人轻轻松松地理解你所要表达的意思。

2. 提出独到的见解

与人交谈时，人云亦云是不提倡的。 每个人都应该有自己的看法，并用有力的论据，论证所提见解的正确性，这是展现自己才能而非卖弄的表现。

3. 从小事说起

大而空的交谈是不被认可的。 所以，要从小事说起，并将理论与实践有机结合，说经验，谈做法，既不空言理论，也不夸大事实，以此赢得他人的支持。

4. 讲实在话

与人交谈时，实实在在的话语，是人们所提倡的。说话时，不必高谈阔论、委婉动听，只要言简意赅、精辟独到就可以了。通常情况下，越简洁诚实的语言，越能说明问题。

5. 符合听话者的口味

有些人喜欢听婉转的话，你就应该对其说出含蓄的话；有些人喜欢听振奋人心的话，你就应该对其说些激昂之词；有些人喜欢听有学问的话，你就说专业的话；有些人喜欢拉家常，你就应该对其说些家长里短的话；有些人喜欢听诚恳的话，你就应该对其说些朴实的言辞。不论如何，语言必须符合听话者的口味，才能事半功倍。

6. 态度平和

与人交谈的过程中，话题的选择固然重要，但是，比它更重要的是别人的评价，这将影响到一个人的形象与人际关系。获得他人的好评、拥有更多的合作伙伴，都离不开良好的说话方式。

在交谈过程中，你会发现：当某人心平气和地与人交谈时，谈话就会很顺利。究其原因，是因为平和的心态，能影响说话的质量，使听话者产生被尊重的感觉，这对赢得对方的好感大有好处。

7. 与人说话时，要保持好心情

在与别人说话的时候，保持愉快的心情十分必要。以良好的心情与人交谈，言语中自然会流露出轻松愉快。同时，也会感染对方的心情，使之产生深谈的欲望。反之，那些自命不凡、说话装模作样、装腔作势的人，必然会成为“孤家寡人”。

恰当的说话方式能提升自身的交往能力，在正确的说话方式引领下，因语言表达出众而受人称赞，是一件令人非常愉悦的事情。

换位思考，说话时要替对方着想

1987年6月法国巴黎网球公开赛期间，保罗·弗雷斯科和韦尔奇与他们的商业伙伴，一起观赏这一盛大赛事。法国政府控股的汤姆逊电子公司的董事长阿兰·戈麦斯也在其列。他是一位既风趣又有魄力的人。

韦尔奇与弗雷斯科已经事先约好第二天去办公室拜访他。见面时的情形和韦尔奇第一次与别的商家会谈时没有什么两样，彼此都需要对方的帮助，所以彼此都很客气。

韦尔奇想要汤姆逊医疗设备公司。这家公司叫CGR，实力并不是很强大，在行内的排名也不高。而韦尔奇的GE公司在美国医疗设备行业则拥有一家首屈一指的子公司，这家子公司虽然垄断了美国市场，但在欧洲市场却明显处于劣势。其主要原因是汤姆逊公司是由法国政府控股，换言之，法国市场的大门将韦尔奇公司关在了外面。

会谈过程中，得知戈麦斯不想将医疗业务转卖，所以，韦尔奇决定用自己的其他业务与他们的医疗业务进行交换，看看他是否对此感兴趣。

于是，韦尔奇走到汤姆逊公司会议室的讲解板前，用笔一一列出了他可以与戈麦斯交换的一些业务。

他先列出半导体业务，对方没反应。他又列出了电视机制造业务，戈麦斯立即对这个想法产生了兴趣。因为，目前他的电视业务规模还不算很大，而且局限在欧洲范围之内，这样一交换不但可以甩掉那些不赚钱的医疗业务，而且还能使他成为第一大电视机制造商。

两人找到了利益共识，进行了一次利益上的沟通、交流，于是，谈判马上开始并且很快达成了一致。

谈判结束后，韦尔奇亲自将戈麦斯送下楼。当车疾驶而去时，韦尔奇激动地对他身边的秘书说："天啊，是上帝让我与戈麦斯有了这次合作，致使我做成了这笔交易，我一定要利用好这次机会。"

阿兰·戈麦斯回到办公室后也有同样的感触。他也同样清楚，这笔交易使他获得一个相对稳定的市场地位，可以应对更巨大的挑战。

韦尔奇在国内消费电子产品的年销售额已达到 30 亿美元，员工人数已达 3000 多人。与汤姆逊的合作，会使自己在欧洲市场的业务份额得到提高，他将更有实力来对付 GE 的最大竞争者——西门子公司。

这一次愉快的合作除了业务交换，汤姆逊公司还附带给了 GE 公司 10 亿美元现金的使用权，同时，汤姆逊公司也实现了成为世界上最大的电视机生产商的梦想。

韦尔奇、戈麦斯都各自实现了自己的理想，最终取得了双赢，这对双方都是最佳的选择。做到双赢其实并不难。韦尔奇、戈麦斯交易成功的原因很简单，就是都能站在对方角度去看待问题，找到了利益共识，最终各取所需，各有所得。

做人要留情，说话要有度

下面是发生在酒店的一件事。

一次，一位外国客人在天津水晶宫饭店请客，十个人只要了三瓶酒。饭店女服务员知道十个人五道菜起码得有五瓶酒，看来这位客人手头不那么宽裕。于是，她不露声色地提出亲自给客人斟酒。

五道菜后，客人的酒杯依然有酒。这位外宾脸上很光彩，他感激这位服务员给他圆了场，临走时表示下次还来这里。

如果服务员想让这位外宾“出洋相”太容易了，但那样就会使饭店失去一位“回头客”，聪明人往往都会想办法不动声色地让对方摆脱窘境。

有时无意让对方陷入尴尬境地，这时，你在给对方提供

“台阶”的同时，如能采取某些妥善措施，给对方面子，会使对方更加感激你。

言尽而意未穷，多给别人留余地，在社交场合中，你就会多一分舒心，少一些烦恼。

这样表达不同意见，别人才不抵触

同事之间不可避免地要在一起讨论一些棘手的问题或商量复杂的事情，这个时候就很容易出现意见不同的情况。意见分歧往往是建立在否定他人意见之上的，所以说，如果方法不当，很可能会使人处于尴尬境地，心眼小的人定会嫉恨在心。如此看来，学习如何表达不同的看法不可或缺。下面就为大家推荐几种：

1．两分法

用辩证的方法先肯定对方的意见是有合理性的，进而再说出更优的想法。比如在讨论国庆节促销方案时，有人提出要搞一台晚会，来引发轰动效应，以此打响品牌。而你觉得成本高，主张举办优惠活动。这时，你不妨这样说：“刚才××提出的意见有一定的道理，也是一种方法，但我以为还是推出优惠活动收益直接、成本低。”接着，你可以具体说说理由。先肯定对方，再提出不同意见，即使是否定别人，也容易让人接受。假如硬邦邦地直说，很容易形成紧张气氛，使人家因难堪而固执己见。

2．商量法

尽量用商讨或询问的口吻，不用命令或过于绝对的语气。意见不同时，可先用较温和的口吻来说，比如：“试想下那样是不是也可以？说不定那样会更好呢？你再想想。”或者这样说：“换个思路考虑一下？你看那样行不行？”先商量，当对方仍坚持己见时，你再用坚定的口吻也不迟。商量是尊重人的表现，即使人家不想否定自己的意见，也会仔细考虑你的意见，并给你相应的尊重。

3．为难法

当你的意见与对方的意见分歧较大时，在说出来之前，你可表现出犹豫不决或吞吞吐吐的样子，让对方有心理准备，可能还会主动劝你：“讲吧，没关系的，有什么想法都可以说。”此时，你就可以直接告诉对方：“我们一直合作得很好，大家都痛快，我就不客气了。”再说出自己的不同意见。表现不好意思和为难，是一种退让，它给对方的是一种暗示，使自己的进攻有了基础，最后达成心理上的平衡。

4．析弊法

由对方的观点推导出可能导致的不良后果之后，再提出自己的观点。你要提出不同意见，肯定对人家的意见不满意，此时你得好好琢磨一番，尽可能多找一些其存在的问题，找得越多，否定起来就越容易。一旦人家的意见被否定了，自己的意见被人接受的把握就大了。不破不立，讲的就是这个道理。但要注意实事求是，要有理有据，不能无中生有，更不能任意挑刺。

5．借助法

借助他人的观点和做法来表达自己的意见。有时，自己直接说出不同意见比较为难，譬如面对的是老师、长辈或上级。此时，你可借助同类型的、对方也了解或已经肯定了的事实来替代自己的意见。比如你可这样说："张三他们也经历过这种事，他们就是这样处理的，结果很不错，不妨借鉴一下。"借助法，实际上就是用事实来说话。

第五章

提问抓要害，让问题更有价值

“问”是沟通过程中有利的工具

原一平是日本保险推销业中业绩最好的推销员之一，他在推销过程中会视不同的情况，采用不同的销售技巧，去获得或大或小的订单。其中，他用得最多而且效果最好的，是正确提问。

有一次，原一平开车外出。刚好在一个十字路口遇到了红灯，他的车停在了那儿。当他无意间转头向车窗外看时，发现旁边停着一辆黑色豪华轿车，一位很气派的老人就坐在那辆车里。销售经验丰富的原一平一眼便知，这位老人肯定不是平凡人。于是，当绿灯亮起时，他让司机跟在了那辆豪华车后面，自己抄下了车牌号码。

随后，他查到那辆车的车主乃某大型公司的董事长。然后，他打电话到该公司确认，他是这样问的：“您好，是××公司吗？我是原一平，今天，我看到一位老先生坐在贵公司一辆黑色豪华车上，我好像曾在哪见过那位老先生，但我一时想不起来了，不知道您能告知一下他是贵公司什么人吗？我没有别的意思。”

电话那头回答：“别客气，那是我们公司的常务董事。”

“您能告诉我这位尊敬的董事贵姓吗？”

“可能是山本先生。”

“谢谢！”

经过核实，原一平知道了那辆车的主人是××公司的常务董事山本先生。然后，他就把山本先生的各方面信息都调查了一遍。当清楚一切后，原一平直接前去拜访山本先生。因为他对山本先生和山本的公司已了解得非常全面，而且他又懂得如何与人快速地成为朋友，因此，他很快就使山本先生成了他的大客户。

我们知道，要想从对方那儿获得更多，就必须做到一点：多听少说。

那怎样才能让别人说得更多呢？ 秘诀就是——问！

可以说，“问”是沟通过程中有利的工具。例如，在销售工作中，“问”是说服别人的关键，其作用相当重要，如果这个世界上只有一个快速提升销售业绩的方法，那就是——“问”！

作为销售者，你跟客户说得再多，也只能让对方了解你的情况。然而，你若能问他问题，对方对你的印象会深刻很多。问对方问题，就相当于把关注的目光转移到了对方身上。有效的说服大都来自于问，而不是说。

经验丰富的销售人员往往知道，问在销售过程中的作用极其重要。只有问得多，问得对，顾客才会说得多，那么传递的信息也会更多。而销售人员掌握的相关信息越多，成交的概率就会越大。

1. 问对问题知需求

作为一位希望业绩骄人的销售员，知道自己卖什么不是最重要的。最重要的是，你一定要知道顾客需要的是什么！当顾客愿意和你面谈时，你最主要的工作，就是弄清对方的需求。正如选对池塘你更容易钓到大鱼一样，问对问题，你更容易获得订单。

辛格是纽约家具行业最有名的推销员之一。当被问及如何成功时，辛格认为自己成功的最大秘诀，是他能够问对问题知需求。

有一次，纽约有一家百货商场的家具店将要开业，当时还是某家具生产企业推销员的辛格很快地了解到了这个信息，于是，他立刻联系到了该商场的负责人。双方约好了面谈时间后，便很快见面了。下面是双方的交谈经过：

辛格：您好，莱利先生，谢谢您给我这么一个机会来介绍我们的产品。

商场负责人莱利：欢迎您的到来。

辛格：咱们能先谈您的生意吗？之前，您曾向我透露过，您计划销售坚固且价钱合理的家具。不过，我还想进一步知道，您对家具的款式和销售对象有什么期望，还有，您能谈谈您的构想吗？

莱利点了点头说：您可能也了解，住在我们商场附近的居民以年轻人为主，他们通常喜欢逛组合式家具连锁店。但是，在城区的另一块，住着像我母亲那样的退休老人。去年我母亲很想买家具，但是，她觉得组合式家具太过花哨了，只注重样式，不注重耐用性；还有，她也买不起那些高级家具。她的烦恼是，以她的预算，要在这个城市里买到价格和款式都很合适的家具很难。她告诉我，她的很多朋友都有这方面的困扰。于是，我便做了一个调查，发现我母亲说得很对，因此，我商场家具的销售对象，锁定的就是这群人。

辛格：您的意思是说，耐用性和价格是老人买家具时考虑得最多的因素，对吗？

莱利：对，这类顾客都希望自己的家具能够用很长时间。例如，我奶奶会在她家的家具上面铺上塑料布，然后一用就是30年。虽然我了解现在的生产厂家不太想生产这类家具，但我还是认为，一定会有厂商愿意的。

辛格带着肯定的眼神说：这是肯定的。那么，我能再问您一个问题吗？

莱利点了点头。

辛格：您说的物美价廉大概是多少？比如，您认为顾客愿意花多少钱去买一张沙发？

莱利笑了起来：原谅我没把话说清楚。我不会弄一些便宜货来糊弄人，也不会采购一批20世纪的“古董”。我认为，只要人们确信这东西耐用性强，他们便能接受500美元到700美元之间的价格。

辛格：这太好了，莱利先生，我们公司愿意生产这种家具！请允许我再占用您几分钟。一、我们企业生产的“典雅系列”的家具，各方面都能满足您锁定的顾客群的需要，尤其是价格。二、我们可以谈谈这套产品更人性化的设计和优点，那就是永久性防污处理。这项技术使得家具不沾尘垢，还方便清洁。我们可以在接下来的合作中更好地了解这两点，您觉得如何？

莱利：没问题。

于是，生意便谈成了。

选对池塘钓大鱼，问对问题赢订单。要想做成生意，你就必须学会技巧性地发问，找出顾客真正需要的是什么。你一定要把你们的话题引向你确实可以提供帮助的事情上来。辛格通过策略性地提问题，成功地谈成了生意。下面是笔者对他的经典设问的总结：

(1)他通过有准备的发问，知道对方到底需要什么；

(2)通过问问题，他让对方感觉到：他确实很想与对方做成生意；

(3)借由提问，他使对方在一问一答之间，参与到他的产品的说明过程。这样对方就有了进一步了解的意愿。

(4)他所提出的问题，会帮助对方了解他的产品的价值。

问对问题知需求。只要有机会，你就可以试一试。

2. 问对问题，轻松发现潜在顾客

选对池塘更容易钓到大鱼，而学会问正确的问题，既可以得到顾客的信息，帮助你做成生意，也可以通过问正确的问题，轻松地发现潜在的买主。

在销售过程中，能否把商品卖出去，在顾客方面，需要具备三个条件：顾客是否有钱购买，顾客是否具备购买的决定权，顾客是否愿意购买。在英文中这三个条件可以用如下的单词表示：Money，Authority 和 Need，因此，这也叫“MAN 法则”。

如何理解“MAN 法则”呢？在推销前，要想事半功倍，一定要对对方的购买力有所了解，否则会白费力气。而当我们向一个家庭或者一个团体客户推销时，其实是在向有购买决定权的人推销，所以，必须要用最快的速度判断出谁是最终的决策者，不然也是白费力气。若对方不需要你的商品，即使他再有钱、再有权，也不会购买。

只有符合了“MAN 法则”，才能确定对方是你真正的潜在顾客。那么，怎样才能得知对方是符合还是不符合该法则呢？除了通过各种间接渠道去调查外，面对面的交谈也是常用的方法。如果你能够只花较短时间就弄清楚这个问题，你的效率自然会大大地提高。

在本文中我们介绍的就是这种方法。根据欧洲著名推销大师戈德曼尔的实践、调查和研究发现，当你和一个顾客见面时，要想知道他是否符合“MAN 法则”，可以通过问一些谨慎的、一般性的问题，达到你的目的。

当然，这些问题有时候非常微妙，一定不要让对方知道你在“调查”他。下面这一组设问，是一位顶尖电脑推销员曾经用过的非常有效的“调查工具”：

“你现在用的是什么牌子的电脑？”

“买回来时就是新的吗？”

“最初买回来时，你把它放在哪个房间的呢？”

通过上述问题，你将迅速知道，对方是否是一个潜在的顾客。当然，上面的举例只是抛砖引玉。当你想知道购买东西的决定权在谁手上时，你就有必要事先准备好问题。而且，在与对方交谈时，要非常自然地说出这些问题。设计这些问题时，根本性的指导法则，就是“MAN 法则”。

选对池塘钓大鱼，问对问题促成功。从现在开始不妨去学习如何问问题吧。

这样表达，别人才对你感兴趣

营业员要想做成生意，就必须接近顾客，并让顾客愿意接近你。而顾客愿意接近你，除了对你的产品或商品有兴趣，还有就是因为他信任你，或者是喜欢你。只有这样，他才会接受你销售的东西。

有些人认为，与陌生人接近是一件极其困难的事，他们会为自己找各种借口。然而，失败者找借口，成功者找方法。接下来我们将要介绍的方法，希望能够帮助到因此问题困扰的那些人。这个方法，我们称它为“五秒钟接近法”。这种方法关键的一点就是从对对方有利或者是感兴趣的东西入手来问问题，使对方对你瞬间感兴趣。不要忘了，每个人最关心和首先关心的，就是他自己！

你可以先问一些问题来观察对方的反应，然后再提出其他问题，从而一步一步地接近对方。

联邦自动售货机制造公司的业务部，规定每个推销员都应随身携带一块两英尺宽三英尺长的厚纸板去从事业务，纸上写着："如果我告诉你让这块地年收入 300 美元的办法，你会感兴趣的，对吗？"当与顾客见面时，推销员就把它铺在显眼的地方，引起顾客的注意与兴趣，引导顾客去思考，从而转入正题。正是这个方法，使该公司能够不断扩大自己的市场。

优秀的推销员很会说话，他们为了提高自己的业绩，会认真地思考如何说话才能更快地让顾客对自己感兴趣，并让对方信任自己；而平庸的推销员，则会直接问对方是否需要本公司产品。

从对方感兴趣的话题开始双方的交谈是一种很有效的技巧。当然，我们也可以采取"连珠发炮式"提问法。换言之，就是一开始就提出一连串的问题，引发对方思考这些问题。

美国图书推销员乔恩·布朗在推销励志书籍时经常用到这个方法。在见到潜在顾客时，他总能平静地分别提出下面这三个问题：

"假如，我送一套有关个人效率的书籍给您，如果您觉得内容很有趣，您会读一读吗？"

"假如，您读过后很喜欢这套书，您会买下来吗？"

"假如，您觉得这本书很无趣，您把书重新塞进这个包里，把它给我寄回来，可以吗？"

采用这个技巧时，很多人往往在 5 秒内就对你产生兴趣，主动和你交流起来。只要顾客愿意和你交谈，那么就大大提升了推销成功的概率。

1. 五秒钟内激发对方好奇心

成熟的推销员或者善于与人打交道的推销员，都会发现：在接近陌生人的过程中，主要是情感上的东西在起作用，而不是理性的东西。 人们在购买一样东西时，很多时候是受到好奇心的驱使。

好奇心是人们普遍存在着的一种行为动机，抓住这一点，利用好奇心，能够让你有效地接近对方。 当然，你希望设计的话题引起别人好奇心的话，一定要联系你的推销活动或者你的目标。 否则，你会白费工夫。

一位从事服装销售的业务员的目标，是让某大型百货商场销售他们的服装。但是，她做了很多努力，还是没有成功。

后来，在又一次拜访中，这位业务员早早地来到该主管的办公室外面，见到该主管后，业务员直接诚恳地问道：“您能给我十分钟时间，让我提一点有关经营问题的建议吗?”

显然主管很感兴趣，于是，主管便把业务员请进了他的办公室，希望详谈一下。

业务员走进办公室后，立刻递给主管一种新式领带，并请主管为这种产品报一个公道的价格。在仔细地检查了这件产品后，主管最后做出了认真的答复。业务员也作了非常认真、细致和恰到好处的讲解。

讲解完后，业务员看了一下时间，已经快到十分钟了，于是，便拿起自己的东西要走。可是，主管要求再看看另外那些领带，因此业务员没有走成。而业务员希望在最短时间内引起对方注意的目标成功达到！

从此，这位业务员提供的产品也开始在这家百货商场里销售。

五秒钟内激发对方对你的好奇心，并不仅仅局限于五秒钟，而是指在极短的时间内用有效的方法引起对方的注意和好奇。归根到底，就是你要做到“快”和“准”，快速地让顾客对你感兴趣，准确地说到顾客的心坎里。

2. 当你求教时，没人会拒绝你

无论你的产品有多么好，无论你的服务有多么棒，倘若你没有顾客，交易就无从谈起。只有你迅速地接近顾客，才能得到拿到订单的机会。让对方愿意接受你的方法，除了上面提到的方法外，你还应该学会使用“求教式”提问法。因为当你向对方求教时，几乎所有人都会回应你的。

好为人师是人的本质，特别是那些自认为经验丰富和取得了一些成就的人。当我们用“求教”的方式向对方问问题时，不用五秒钟，就可以拉近彼此内心之间的距离。由于你的谦虚和真诚，几乎很少有人会拒绝你。在这之后再向对方提出你的真实意图，往往能收到奇效。

经人介绍，原一平去拜访建筑企业的老板渡边先生。不过，渡边先生并不想和原一平有任何交流，于是，一见面他就给原一平下了逐客令。但原一平并没有退缩，而是问渡边先生：“渡边先生您能告诉我为什么您能如此成功吗?”

原一平在提这个问题时，语气非常诚恳，就是希望向渡边先生学习其成功的经验。而渡边先生也不好意思回绝原一平对求知的渴望。于是，他就请原一平坐在自己座位的对面，仔细地讲了一下自己的过去。这一聊就是三个小时，由始至终，原一平除了认真地倾听，还会适时地请教一些问题。

最后原一平也没有提到保险方面的事情，而是对渡边先生说：“我可以为你写一份贵公司的计划吗?”由于被他的诚心打动，渡边先生自然点头答应了下来。

原一平花了三天三夜终于写出了一份计划书，这份计划书不仅内容丰富、资料翔实，而且建议也非常有价值。根据这份计划书，渡边先生结合实际情况具体地操作了起来，结果业绩在第3个月后就提高了30%。渡边先生非常高兴，把原一平当作了好朋友。自然，原一平又做成了一单保险生意。

当你学会求教别人时，对方最容易把你视为知己。这个法子，被证明是能有效地引起对方兴趣的策略。当你熟练掌握这一方法后，也许一秒钟就能让对方对你感兴趣！

与人打交道要善于诱导对方说“是”

如何引导对方说出你想听的答案，首先你要知道如果改变一下你问问题的方式，答案也会随之改变，一般在做心理学调查的时候，有一点是被禁止的，禁止对实验者使用语言诱导。因为通过语言诱导的方法，对方一定会给出你想要的答案和结果，那这个实验将变得毫无意义，但是在感情建立初期呢，我们却可以使用这个技巧，因为通过语言诱导的方法可以让两个人的交流变得更加的容易，并且能更容易让对方接受你的想法。

比如，假设男生会弹钢琴，那这个时候你就可以问他“弹钢琴有什么好处啊?”然后男生可能会滔滔不绝和你说一堆，这个时候你可以说“原来弹钢琴有这么多好处，那你有时间教我弹钢琴吧”，这个时候男生一定会给你想要的答案。

但是如果你直接说你教我弹钢琴吧，对方可能就没有那么容易接受。

而前面说的那些话呢，其实就是对对方进行的语言诱导。所以说如果你想让对方给你一个合你心意的答案，有时候只需要改变一下提问的方式就可以了，有时候同一句话不同的说法可以产生不同的结果。这就是语言诱导的魅力所在。

这一点在引导对方进行二次邀约的时候也是同样的奏效，比方说在约会的时候，他带你去了一个不错的地方，你可以问他，你为什么这么喜欢这个地方啊？当对方回答你之后，你可以和他说，这么好的地方，有机会你要再带我来啊，这样就可以很好地给下次约会做好铺垫。

语言诱导也就是给对方回答设限。当你的提问涉及的是对方比较感兴趣的或比较认可事情时，那他的回答方向必然是正面的，你再让他做这件事情，那他必然也是心甘情愿接受的。

通过引导给对方一个固定的思维方向，你就可以更容易地获得你想要的答案。

在与别人交谈的时候，不要以讨论异议作为开始，而要以双方一致同意的事情开始。你要不断强调你们的目标是一致的，是在谋求双方都获利，而唯一的差异只在于方法而非目的。

在奥弗斯特里特教授所著的《有影响的人类行为》一书中，形象地介绍了这个方法，他把这种方法称为“猎唯术”。他说：“我们得到对方的‘是’愈多，我们就越能掌握主动权。无论是推销货物，还是在其他一切需要说服别人的情况下，这一方法都很有效。这一方法的目的首先就是要初步了解对方的兴趣和需要。”

要尽可能地让对方赞同你，让对方说尽可能多的“是”，你就一定要学会如何与对方打交道，如何问对问题。

让对方答应你的提议、赞同你的观点，最聪明的方法之一，就是尽可能地使对方在开始时就说“是、是”，而不说“不”。

就是运用这种方法，纽约市格林尼治储蓄银行的詹姆斯·艾伯森留住了一名主顾。

“那个人进来要开一个户头，”艾伯森说，“我就让他填了一些表格。填写的表格里有些问题他心甘情愿地回答了，有些问题则不是。

“在我研究为人处世技巧之前，我一定会对那个人说，如果你不填写表格的话，我们不会让你开户头。当然，像这种果断的方法，会比较省事，我也维护了银行的规矩。但这种态度显然会让银行失去一个顾客。

“那天早上我决定采取另一种方式。我决定不从银行的规矩出发，而是从对方的需求出发。最重要的是，我决定要在一开始就使他说‘是，是’，因此，我不反对他，我对他说，其实我们也不是非得需要你不愿填的那些信息。

“‘是的，当然。’他回答。

“‘你难道不认为，’我继续说，‘告诉我们那些信息，

是一种很好的方法，万一你去世了，我们就可以根据那些信息很快地实现你的愿望?’他又说：‘是的。’

“当年轻人发现我们需要那些资料不是为了自己，而是为了他的时候，他改变了态度。那个年轻人在离开银行之前，除了告诉我所有个人信息外，还在我的建议下，开了一个以他母亲为受益人的信托户头，而且很乐意地提供了所有关于他母亲的资料。

“我发现若一开始就让他说‘是，是’，他就会忘掉之前的不快，而乐意去做我所建议的事。”

当任何人说一声“是的”或心里想着“是的”的时候，他其实就已经打算要接近我们了。因为我们很了解他的观点和兴趣，而且我们还很尊重他。所以，他也会给我们以相应的注意，并对我们表示温和的好感。

有一位事业成功的企业家，在谈到什么才是与人打交道最聪明的方法时，非常感慨地说：“我花了很大代价，才终于学到：跟人家争辩是最划不来的。同时我也知道要换位思考一下，并且知道了使对方说‘是的、是的’才更有收获和更有意思。”

“雅典的牛蝇”苏格拉底是个伶俐的“老童心”，常常打着赤脚。他有一件事也是众人知晓的，就是西方世界将他尊称为世界上最杰出的口才家之一。

苏格拉底的口才为何获得如此高的评价？他难道整天对别人说他们错了？没有！这个家伙太老练了，他从来不会去做这种事。他有自己的一整套方法，这套方法就是所谓的

“苏格拉底妙法”，其最终目标就是得到“是”。苏格拉底所问的问题，对方的答案基本都是同意。他要不断地得到一个又一个同意，直到得到很多的“是、是”。他不断地发问，直到最后，他的对手发现所得出的结论，与自己在几分钟前所坚持的观点截然相反。

先看一个苏格拉底的故事：

一次，苏格拉底向学生提问：“人们都说要做一个道德高尚的人，但道德究竟是什么？”

学生说：“忠厚朴实，不欺骗别人，才是有道德的。”

苏格拉底问：“但为什么和敌人作战时，我军将领却想尽办法欺骗敌人呢？”

“欺骗敌人是符合道德的，但欺骗自己人就不道德了。”

苏格拉底反驳道，“当我军被敌军包围时，将领为了鼓舞士气，会欺骗自己的士兵，告诉他们援军已经到了，大家奋力拼杀突围出去，最终突围成功了。这种欺骗也不道德吗？”

学生说：“那是战争中出于无奈的做法，日常生活中这样做就不道德了。”

苏格拉底又说：“假如你的儿子生病了，却不肯吃药，作为父亲，你骗他说这是好吃的东西，这也算不道德吗？”

学生只好承认：“这种欺骗也是符合道德的。”

这就是苏格拉底问答法，不争辩，而是通过以子之矛攻子之盾的方法，采用反问的方式进行引导，逐渐获得对方的认同，取得一致。

找出对方话语中的破绽，提出一系列问题，引导对方做出肯定答复，避免对方说出否定答案。一连串的肯定答复会使对方心理趋向于肯定的一面，有利于保持谈话间的和谐气氛。

当我们下次以强硬的口气指出对方错误的时候，不要忘了打着赤脚的苏格拉底。要像苏格拉底那样，学会提出一个会得到对方肯定回答的问题。

中国有句充满了东方智慧的格言：“轻履者行远。”如果你要使别人同意你，请记住并学会运用这个规则：“使对方立即就说‘是的、是的’。”当你学会了这一方法，在实现自己的目标时，你就会得心应手。

如何打开大人物的心门

要想顺利地做成一笔生意，要想赢得更多的机会，要想建立更广的人脉关系，就必须学会和大人物交朋友。那些位高权重的人，那些拥有决策权的人，那些掌握财政大权的人，都是对你迅速提升业绩有帮助的人。

要想与大人物结识，就必须学会和大人物打交道，懂得和这些人谈话的技巧，让他们愿意和你沟通，进而购买你的东西。

1. 打开大人物心门的金钥匙

难道你不希望结识大人物吗？如果你想把自己的事业做大，如果你想挣更多的钱，如果你想让自己的交际圈子更广，毫无疑问，你需要大人物的影响力。然而，要见大人物并不是那么容易的，大人物的时间是非常宝贵的，他们也不是非要见你不可。因此，要想认识大人物进而取得大人物的认可，就必须寻找合适、有效的途径了。

每一位大人物都是一座宝藏，然而要怎样进入这座宝藏呢？ 答案是，用开启大人物心门的“金钥匙”。 下面我们就介绍一把用于开启大人物心门的金钥匙，让你也借助成功者们的影响力，从而取得成功。 这把金钥匙叫作“设问”，能够得到这把金钥匙的人，兴许你也会成为一位大人物。

当你有机会与大人物见面或者说话时，金钥匙发挥作用的时刻就到了。 引荐、主动“出击”等方式可以帮助你实现与大人物见面的目标。

当与大人物交谈时，切记，你所花的多数的谈话时间都要用在询问大人物的事情上。 这就是打开大人物心门的“金钥匙”。 千万不要过多地谈你自己的事情，除非你极其有把握地知道，谈比不谈更好。 然而不谈的原因是什么呢？ 因为在这个时候，大人物对你或你的事情不甚关心。 如果他关心你或你的事情，会主动提问。

2. 打造沟通“金钥匙”的十个问题

我们第一次与大人物交谈时，只要能给他留下一种印象就可以。 什么印象呢？ 一种可以激发大人物去认识你、喜欢你并相信你的印象。 只要你能让他产生这种感觉，他的影响力也就开始跟你有关系啦。 因为这种感觉在培育一种双赢关系的过程中是极其关键的。 作为大人物，对方非常清楚这一点。

我们可以通过“设问”来使对方产生这种感觉，方法就是“问正确的问题”。 我们需要问的问题应该是开放式结尾的，以方便对方回答。 什么是“开放式结尾”的问题呢？ 就是该问题不能用简单的“是”或“不是”来回答，而需要较长的答案。

为了使你的时间得到有效的利用，我们把已经被无数事实证明是行之有效的10个“开放式结尾”的问题，一一介绍出来。如果你想用好“设问”这把“金钥匙”，就把我们介绍的这“十大黄金问题”储存在你的脑海里，随时取用吧。

这些问题会让回答者产生一种良好的感觉，因为它们非常友善，而听者也可以通过回答的内容，了解到回答者的思维方式。下面介绍“十大黄金问题”。

第一个黄金问题：您是怎样创立您的事业的？

每个人都喜欢讲述自己的故事，都喜欢成为别人心中的主角。因此，就让大人物跟你分享他们的故事吧。你只要做到认真倾听就可以了。

第二个黄金问题：您最喜欢您事业中的哪一点？

这个问题很容易使大人物产生良好的感觉。它的作用远远大于：“您最讨厌您事业中的哪一点……”

第三个黄金问题：贵公司与竞争对手的明显区别是什么？

这是一个能显示自身优势的问题。一直以来，我们都被教导要谦虚做人，大人物也不例外。但这个问题能够使大人物名正言顺地宣传一下自己和自己所取得的成就。

第四个黄金问题：近年来，您所在的行业发生了哪些重大的变革？

拥有丰富经历的人都喜欢回答这样的问题，因为这能够显示他的敏锐的观察力。

第五个黄金问题：您对您所在的行业的变化趋势有什么看法？

这个问题给了对方一个显示自己博学多才和行家地位的机会。任何认为自己从业经验丰富、博学多才，或觉得自己已经取得了一定成就的人，都很乐意与别人分享他们的见识，因为这种感觉特别良好。

第六个黄金问题：对一位刚入行的人，您能提一些建议吗？

这个问题能使对方体会到做老师的滋味。几乎每个人都有好为人师的一面，而且还很在乎别人对他的建议的态度。

第七个黄金问题：能聊一下您在发展事业过程中遇到过的最有趣或最难忘的事吗？

事实上，每个人都喜欢讲述自己的奋斗故事。这个问题恰恰满足了这种欲望。当你成功了，或者在别人眼中是成功人物了，你所经历的事情都是传奇，这时你会产生一种强烈的讲述传奇故事的欲望。很多大人物都喜欢说出自己的艰苦岁月，但平时他们没有太多机会，而你现在主动要求做听众，大人物们可能表面很平静，但内心里一定是非常喜欢的。

第八个黄金问题：您认为哪些方法最能有效地使人成功？

每一位成功人物，他对于自己的成功历程都有一套自己的心得，并且是被他自己的经历所证明过的。通常，任何一位真正的成功者，都喜欢传授别人一些东西。而你的问题恰恰投其所好了。

第九个黄金问题：假如您知道自己绝不会失败，您将对自己的人生有怎样的规划？

每个人都有自己的梦想。被问者往往比较欣赏这个问题。原因在于，这个问题显示了你对他足够关心。

第十个黄金问题：您希望别人怎样描述您和您取得的成就？

大人物听到这个问题后，一般会真正地停下来，认真地思考一下。其实在很大程度上这是在恭维他们。这个问题，可能连他最亲近的人也没有问过他。

3. 关键是问对方最想回答的问题

至此，有人会有这样的疑问：第一次见面就问对方这么多问题，对方会不会觉得我太爱打听别人的事情了？答案是：不会。

在和大人物最初交谈时，你只需要问上述问题中的有限几个；其次，上述问题是多数人尤其是大人物喜欢回答的问题，这是最关键的。当然还要注意你的提问方式。你不能像评论家那样用质问的语气问问题，也不能像记者那样抢时间，你需要的是比较自然地问上述问题中适合的问题，然后，让对方感觉良好，从而使双方的关系比较融洽。

把上述十大黄金问题变成自己内心的一部分，把它们了解得足够透彻吧。这样有助于你在不同的谈话场合，提出恰当的问题，同时，还不用对方拼命地思考如何拒绝你的问题。

不要将注意力全部投到你想说的话上，否则对方就会认为你没有全神贯注地听他讲。 切记，让对方说他想说的话，要让对方感觉良好。

你学会使用这把能够打开绝大多数大人物心门的金钥匙了吗？ 别着急，多使用几次就熟练了。

机智反问，助你掌握主动权

当我们和顾客交谈时，不仅你会发问，顾客也会提出问题。事先考虑好顾客可能会提出的疑问，有助于你进一步知晓顾客的需要。但是，在实践中切记，当你并没有完全明白顾客发问的动机时，千万不要直接回答，三思而后言。

你可以采用一种已经被证明极其有效的方法——反问，把问题再丢给顾客。

例如：

顾客：你们卖的手机都是带有摄像头的吗？

你：您希望有摄像头的还是没有的？

顾客：这些口红还有其他颜色的吗，还是只有你带来的流炫红和象牙白？

你：您需要什么样的颜色？

为什么反问顾客呢？因为你虽然知道自己发问的动机，但是并不很清楚对方的动机是什么。如果你大费口舌，大谈带有摄像头的手机是多么多么的时尚，或者向对方介绍口红有多少种颜色，你就很难弄清楚顾客的真正需求是什么。如果你不知道顾客的真正意图，又高谈阔论，结果很可能会让自己陷入尴尬的境地。

如果你能按照上述模式进行反问，对方可能就会回答："我不喜欢象牙白，更不喜欢流炫红的，还是觉得粉红色更适合我的年龄。"

要是顾客问："请问，你们的手机有录音功能吗？"

他这样问，证明他会有这种需求，你可以反问他："录音功能对您来说很重要吗？"也许他会这样回答："不重要，我只是随口问问，听说现在手机大多有这种功能。"

他的回答还有可能是这样："我听说有录音功能不错，当然，价钱也很重要。如果光有录音功能，但其他作用与没有的差不多，价格还特别贵，我可能暂时就不会使用。"

实践证明，反问是一种效果显著的说话技巧。因此，建议当你需要发现顾客的需求时根据情况巧妙地使用反问技巧，一定会对你生意的成交提供很大帮助。

1. 反问让你更易掌握主动权

销售经常会遇到顾客提出各种各样的问题的情况。我们在上文介绍的情况，已经是比较温和的情形。接下来我们为大家介绍另一种常见的情况，就是顾客提出异议时，我们该如何应对。

异议比顾客发问更像刺猬，应对起来更困难。所以，最好还是继续运用反问的方法去解决。当然，我们的目的不是要把什么东西推脱掉，而是要找到一种能够有效化解异议的看法。我们针对别人提出的异议，可以做一些督促和引导，以此获得对方的真实想法。请看下面这几段对话：

例1：顾客：这件衣服我不太满意！

销售人员：是哪方面让您不满意呢？是式样，还是颜色？

例2：顾客：你这个东西怎么像假货呀？

销售人员：你觉得它哪里像假的呢？

例3：顾客：这东西太贵了！

销售人员：您心目中的价位是多少？

销售人员碰到上述类似的异议是经常的事情。但是，当我们用恰当的反问把“刺猬”送给对方时，我们就会从对方的回答中了解到更多的信息。顾客提出的异议越是没有依据，就越难回答你的反问。通过恰当的反问，我们可以很容易地找到顾客的反对原因。

沃克在保险推销行业做得非常成功，后来他还创办了著名的美国经理人保险公司。请看他是如何运用“反问”这一技巧，捕捉到顾客的真实原因的。

顾客：你的这套计划的确让我印象颇深，你给我一张名片吧，过几天我会打电话给你。

沃克：很感谢您对我的认可，但我能问一下您为什么要过几天才打电话给我吗？

顾客：因为我要仔细考虑一下，才能做出决定。

沃克：您这样做也很正常，那么，我能否继续冒昧地问一下，您为什么如此谨慎呢？

顾客：因为10年前，有一个家伙向我推销了一种房屋的防风窗户，签合同之前我什么也没有考虑。谁知道，这竟然给我带来了多年的烦恼。那一次惨痛的经历让我变成了一个小心翼翼的人，我从此养成了一个习惯，做任何事情之前都要详加考虑，以便我不会做出错误的决定。

沃克：噢，我能体会您的感受。那么，除了这一点，阻止您今天就接受这套不错的计划的因素还有哪些？

顾客：没有了，主要就是这一点。

2. 抓住关键字眼去引导对方

如果你想顺利地签到订单，就一定要熟练运用好“反问”这个方法。在与顾客交谈时，千万别让顾客牵着你的鼻子走。方法很简单，只要抓住关键字眼，逆向反问就可以。这个关键字眼往往能从顾客的前一句话中听得出来，因此，你在反问时，就可以围绕着它进行。

我们简化一下刚才的那段对话，以学习如何用关键字眼去引导对方。

顾客：我过几天再打电话给你吧。

沃克：您为什么还要等上几天呢？

顾客：我想再考虑考虑。

沃克：您能告诉我你如此谨慎的原因吗？

顾客：唔，因为……，所以我做每一个决定前，都要详加考虑，以便我不会做出错误的决定。

看到这里，你应该明白如何用反问，从而轻松地控制交易的主动了吧？ 切记，在与顾客交谈的整个过程中，反问法都贯穿其中。

智者懂得该问什么，不该问什么

“问”字贯穿于我们与他人交谈过程的始终。有时候该问的，要明知故问，比如：“听说你最近又出了一本新书，一定很畅销吧？”“你新买了手机啊？应该很贵吧？”你非常清楚这些问题的答案，但你明知故问，使得对方认为你很在意他，从而产生对你的好感。接下来，他很可能就会接着你的话题，滔滔不绝地说下去，大家的关系也会变得更加亲近。

这里说的明知故问，是问肯定能令对方满意的问题。比如，问对方最想让大家知道的事，问那些对方值得骄傲的事情，问对方不便自己亲自说而只能借别人的口说出来的事。这样，你就可以迅速获取对方的好感，增进彼此之间的感情。

当然，无论在工作中，还是生活中，都会有很多事情是不该问的，即使这些事情你非常想知道，也不应该问，诸如：“你今年多大年龄啦？”“你为什么还不结婚呀？”等等。

这些话题是对方不便回答的，假如你一再地问，会使对方反感，从此对你避之不及。

在平时生活中，你问了不该问的，可能会得罪别人，你们之间的关系也就疏远了。如果你问了顾客不想回答的，可能就会失去一笔交易。

智者问该问的，愚者问不该问的。问对问题赚大钱，赢得无数朋友；问错问题不仅会使你处于尴尬境地，有时还会得罪人。因此，无论是日常交际中，还是销售过程中，我们都必须知道该问哪些问题，不该问哪些问题。

不该问的就不要问，例如女性的年龄。女人最忌讳别人问年龄了，这是做人的常识。在西方，若问这些问题，就是不尊重女性、没有礼貌的表现。

任何人都有保护自己隐私的心理，遇到别人不得体的询问时，往往容易产生逆反心理。问者无心，听者有意；问者滔滔不绝，听者厌烦不已！尤其是面对那些“查户口专家”，被问者更容易产生厌烦之情。

路边的野花不要采，不该问的问题不要问。下面我们总结归纳了几个不宜问的问题，大家可以借鉴一下：

1. 别人的隐私

在与人交际中，为不使对方产生不快情绪，一定要避免问及对方的隐私。如：“你什么时候出生的？”“你一个月的工资多少？”“你为什么还不生小孩？”“你是不是在外面有份兼职？”等等。

探听别人的隐私会造成对方的不快。因此，在你准备向对方问某个问题时，最好先在脑中想一遍，看这个问题是否会涉及对方的隐私，假如涉及了，最好就不要提问，这样对方不仅会乐意接纳你，还会对你产生好印象，同时也会促进双方关系的发展。

在日常交际中，下列隐私问题也是不能轻易问的：家庭内务及存款，工作情况及经济收入，身体情况，夫妻感情等等。

2. 对方不知道的问题

如果不知道对方是否有能力回答你的问题，那么还是别问为佳。比如，你问一位医生：“去年发生在本省的肝炎病例是多少？”很可能这个问题对方就答不上来。你问这样的问题，你得不到答案，对方也会没面子。

3. 同行的营业情况

同行相忌。在竞争激烈的社会里，人们往往不想就自身的营业情况与竞争对手进行密切交流。这样的问题，会使双方都尴尬。

4. 不要“打破砂锅问到底”

例如，你问对方住在哪里，对方回答说“在上海”或者“在深圳”，那么你最好别再问下去。如果对方想让你知道更多，他一定会积极地说出来。不然别人就是不想让你知道太多，所以，你也就不必多问。此外，在问其他类似的问题时，也要学会适可而止。

总之，在交际过程中，不该问的不要问；凡是对方不知道或者不愿意别人知道的事情都应避免提到。要时刻记住，谈话是使双方都产生兴趣，而不是使任何一方感到没趣！

第六章

面临尴尬，如何表达有学问

谈话中不要让自己陷入被动

与别人进行交谈时，被动地回答不如主动去了解情况，然后巧妙说服别人。从心理学上讲，主动出击就是力量所在。比如我们正在谈话，突然有人向我们走过来，非常有礼貌地问："对不起，请问你现在有时间吗？"我们是被要求回答问题的一方。在这种情况下，我们不可能继续谈话，必须先回答这个问题。因此，在与他人交谈的时候一定不要让自己陷入被动，只有主动出击才能把握对话的脉搏。

有一年，武汉某家电器厂就引进新设备的问题与美国电器公司开始了谈判。谈判的过程当中，在全部引进还是部分引进的问题上，双方相持不下，形成僵局，美方坚持全部引进的方案，而该公司为了既引进新设备，又为国家节约外汇的原则，坚持部分引进生产线的方案。为了缓和气氛，武汉公司首席代表微笑着变换了话题说："贵公司的技术、设备和工程师是世界第一流的。你们用最好的设备帮助我们成为全国第一，这不但对我们有利，而且对你们更有利！但是我们外汇有限，国内有的就不需要再引进。现在其他国家也准备在我国北方的厂家投资，如果你们不尽快和我们达成协议，那么，你们势必会失掉中国的市场，别人会笑话你们公司的。”

这几句话产生了奇妙的作用，僵局打破了，双方很快就达成了协议。在谈判中，经常会遇到这种局面。对手从一开始就先发制人，不接纳你的任何言辞，用“赶快回答我的问题”等言语，逼迫你回答某些不好回答的问题。这时，如果你不回答，对方就会指责你毫无诚意！面对这种情况，最好的办法是给予及时的回答，但同时又不能轻易接受对方的观点。这时，可以在回答完对方的问题之后，主动提出新的话题掌握谈判的主动权。

另外，当他人提出一些要求的时候，该拒绝的就应马上拒绝，一旦你将说话的主动权交给对方，再想拒绝就会很难，因为对方不一定会再给你机会了。

日本成功学大师多湖辉讲过这样一个故事，这个故事发生在20世纪60年代末的学生运动中。某大学的教室里正在上课，一群学生运动积极分子闯了进来，使上课的教授手足无措。当着班上学生的面，教授想显示一点宽容和善解人意的风度，就决定先听一下学生讲些什么之后再说服他们。

结果与他的善良想法完全相反，学生们乘势向他提出许许多多的问题，把课堂搅得一团糟，再也上不成课了。并且这之后只要他上课就有激进派的学生出现在课堂上，就这样毫无宁日地持续了一年。

从这一教训中，教授悟到一条法则，即若无意接受他们，最好别想去说服他们。

在他们闯进来时，他就应主动地拒绝他们："你们这是妨碍教学，赶快从教室里出去，与课堂无关的事，让我们课后再说！"

如果一点也不听激进分子的质问，一开始就踩住话头，至少不会给对方以可乘之机，也不致弄得一年时间都上不好课！

交往过程中的交流应该是互动的，每一个人都应善于寻找合适的话题打破沉默，不管这种沉默是无意的还是有意的。这是一种自信的表现，也是一种能力。让人下不了台的事大多发生在人们料想不到的时候，但是，只要能及时、主动地转换角度，巧说妙解，不但能给自己找个台阶，甚至能为生活增添一些乐趣。

有一对夫妻因小事争执不下，在家吵闹不休。正当妻子向丈夫大吼时，有一位朋友来访，丈夫尴尬得无地自容。好在妻子也顾及丈夫的面子，看朋友到来连忙改口，但丈夫一时无法从窘境中摆脱。朋友见状，笑着说："听你俩交流还挺热烈，我来得可真不是时候啊！"此话一出，其妻先红了脸，无语离去。丈夫马上调侃地对朋友说：“打是亲骂是爱，我们刚才是在打情骂俏呢！别看她刚才那么凶，其实正表示她对我的关心，不信你问她。”这时，他的妻子从里屋出来也与朋友打哈哈，争吵便化为云烟。

丈夫的“打是亲骂是爱”，把他和妻子的争吵说成是一种“亲”和“爱”，朋友自然不会信以为真，但这样转换了角度，给自己找了一个台阶，让自己不再处于被动的状态。这样一来，反而让人感觉争吵为夫妻二人的生活增加了一些生活情趣。朋友走后，估计他们也不会再争吵了。

在与人交往的过程中如果能主动打破沉默，就能避免尴尬，与人相处起来就很愉快。

巧用幽默自嘲，化解窘迫局面

杨澜早些年还在担任《正大综艺》节目主持人时，曾被邀请到广州市天河体育中心担任演出晚会的主持人。

演出晚会中大家兴致正高时，杨澜言毕离场，在下台阶时摔了下来。天河广场好几万双眼睛都看着她，这种情况的出现，确实令人难堪。但是杨澜不愧是训练有素的主持人，她非常沉着、迅速地爬起来，拿起话筒对台下的观众说："真是人有失足，马有失蹄呀。我刚才的狮子滚绣球的节目滚得还不熟练吧？看来这次演出的台阶不是那么好下哩！但台上的节目会很精彩的，不信，你们瞧他们。"

观众们听杨澜说完后，立即报以热烈的掌声，一解刚才尴尬的气氛，晚会也得以顺利进行，有的观众还大声说："广州欢迎你！"

帮助杨澜迅速摆脱尴尬困境的不是别的，正是自我嘲解。大多数情况下，尴尬的产生都不是故意的，更不是敌意的，而是出于不小心或者粗心。这时候，如果你过分掩饰自己的失态，一味地解释，反而会弄巧成拙，使自己越发尴尬。但是，如果以漫不经心、自我解嘲的口吻说几句取悦于人，引人发笑的话，却可以活跃气氛、迅速消除尴尬。

尴尬场合，运用自嘲可以平添许多风采。当然，任何事都有限度和界限，自嘲不同于玩世不恭的态度。积极的自嘲包含着自嘲者强烈的自尊、自爱和希望问题得到解决的意念。自嘲实质上是当事人采取的一种貌似消极，实为积极的促使事情向好的方向转化的手段。

1915年，丘吉尔还是英国的海军大臣而不是首相的时候。不知道他是心血来潮，还是别的什么原因，突然想要学开飞机。于是，他一声令下，命令英国海军航空兵的那些特级飞行员教他开飞机，军官们虽然觉得这个大臣很“无理取闹”，但也只好遵命。

丘吉尔还真有股韧劲，刻苦用功、拼命学习，把全部的业余时间都搭上了，负责训练他的军官都快累坏了。丘吉尔虽称得上是杰出的政治家，可操纵战斗机跟政治是没什么必然联系的。隔行如隔山，虽然他用功至此，他还是对那么多的仪表搞不明白。

有一次，在飞行途中，天气突然变坏，一段16英里的航程竟然飞了3个小时。着陆后，丘吉尔刚从机舱里跳出来，那架飞机竟然再次腾空，一头撞到海里去了。旁边的军官们都吓得怔在那里，一动不动。

原来，丘吉尔忘了操作规程，在慌乱之中又把引擎发动起来了，望着眼前的一切，丘吉尔也不知所措，好在，他并没有惊慌失措，也没有一直不停地为自己解释，为自己开脱。相反，他轻描淡写地自我解嘲道：“怎么搞的，这架飞机这么不够意思。刚刚离开我，就又急着去和大海约会了。”

一句话，缓解了紧张的气氛，也让丘吉尔摆脱了尴尬。但是反过来说，如果丘吉尔不停地重复刚才的行为，为自己找原因，那这件事情反而不会这么快就过去，可能会一直被人偷偷嘲笑。

在有些尴尬的场合，运用自嘲一方面是让大家迅速从尴尬的情境中摆脱出来，另一方面，其实也是对自己的保护，因为自嘲能使自尊心通过自我排解的方式受到保护。

在日常生活中，自我嘲解能够让自己迅速摆脱难看之境，也能帮助我们从内心化解一些烦恼和忧愁。

古人有云：“人生之事，不如意常十之八九。”人一生中难免会有诸多的不顺心或者不如意，但是如果我们能够通过自我调节，对不幸的事情一笑置之，那么生活就会变得轻松起来。

自我嘲解，是让我们淡然面对生活不顺利的一剂良药。

在逆境中，嘲解自己，自己给自己找乐子，自己给自己宽心是一种修炼。明末著名文学批评家金圣叹被判死刑时，从狱中发出的信，也属于这一派别的风格，内容大概是：“花生米与豆腐干同嚼，大有火腿滋味。”

遭遇尴尬是我们每个人都会遇到的必修课，不论你有多么成功、多么优雅也在所难免，在这时如能恰当地运用自嘲，那就能在笑声中化解矛盾，展示非凡的智慧和人格魅力。

人生之多艰也是我们不能否认的，在本就坎坷的人生中，多一些坦然和从容，用自嘲来冲淡生活中的愁云，也许是一种更好的生活方式！

坦诚亦可委婉，说话少碰钉子

一般来说，我们都喜欢坦诚直率、坦坦荡荡的人，这样的人说话直截了当，让人一听了然，好沟通。但在特定的语言环境中，适当地“拐弯抹角”有时会比直来直去产生的语言效果更佳，一方面可以保护我们自己不被情绪激动的人在语言上误伤，一方面也能在平和的环境中，在不激怒别人的情况下，指明问题。

中国人讲究曲径通幽的含蓄美，虽然“条条大路通罗马”，但一比较即有明显的差别，委婉含蓄的优点即刻立现。

有一个人去一家酒店喝酒，发现店家自酿的酒味道酸而抱怨不止，老板听到之后很生气，把那个人吊在房梁上。这时又进来了一位客人，看到吊在房梁上的人很奇怪，便问店老板，这是怎么回事，老板回答：“我们小店自己酿的酒风味非常好，但是这个人却说我们家酒酸，你说他可不可恨，是不是该吊起来。”客人回答：“那给我一杯，让我尝尝。”客人喝完后，店主问：“客官，这酒不错吧？”客人攒着眉毛对店主说：“唉，你还是把这人放了，把我吊起来吧。”店家瞬间领会了其中含义，不仅没吊他，还把之前吊的人放了下来。

乍一听起来故事中客人答非所问，可一联系上文并不难领会其意思——酒确实酸。客人的对答不仅表达出了自己的真实思想——酒酸，又避免了与店主的正面冲撞——被吊。可以说故事中客人，就是言谈中“拐弯抹角”的技巧运用得较为成功的例子。他没有直接说出他所要表达的思想，而是借用在某一具体而特定的语言环境中建立起来的与原意密切相关的一个句子进行表述，联系上下文方能得知其中奥妙，他使话语避免了火药味和无趣，使话语变得委婉含蓄从而产生了更为理想的表达效果。

语言是多姿多彩的，同一个思想可以由不同的言语方式表达，可以直截了当、无遮掩地直说，也可以含蓄委婉地表达。在说话艺术中有这样一种说法，叫作“多兜圈子，少碰钉子”，说的就是婉转地表达能在沟通中更好地帮助我们。

尤其是在特殊情况下，有时候不能实话直说。所以，有时有意绕开中心话题和基本意图，采用“兜圈子”的说话方式，从不相关的事物、道理谈起，常能收到较理想的交际效果。

请看下面的两个例子：

一天，某青年教师早早回家做了一锅红枣饭。妻子下班回来，端起碗，高兴地问："这枣真甜啊，哪来的？"丈夫说乡下姨妈托人捎来的。妻子不无感慨地说："姨妈想得可真周到啊，年年捎枣来！"丈夫说："那还用说，我从小失去父母，就是姨妈把我抚养大的嘛！"妻子说："她老人家这一生也真够辛苦的。"稍停，丈夫忽然叹了口气，说："听捎枣的人说，姨妈的老胃病又犯了，……""那就接来呗，到医院好好治治。"不等丈夫把话说完，妻子说出了丈夫想说还未说出的话。

晚饭后，几位青年人去拜访某教授。谈到夜深，教授接着一青年人的话题说："你提的这个问题很值得研究，明天我去A城参加一个学术会，准备就这个问题找几位专家一块聊聊。"几位青年立刻起身告辞道："很抱歉，不知道您明天还要出差，耽误您休息了。"

第一个例子中，青年教师想接姨妈来城里治病，担心直接说出来，媳妇不一定会同意。于是采用了"兜圈子"的说话技巧，通过吃枣饭、忆旧情，造成一种适宜的氛围，然后再说姨妈生病，而让妻子接过话题，说出接姨妈的话。这样言来语去，自然圆满，比直说高明多了。

第二个例子中，教授因为第二天要出差，想早点休息，但碍于情面，又不好直言辞客，而是巧妙地接过对方话题一兜，说出了第二天的安排，达到了辞客的目的，话语委婉得体而不失礼仪。由此看来，说话"兜圈子"，有时候确实是必不可少的，它能起到直言快语所不能起到的作用。以上两个例子都属于委婉的说话方式，但说者礼貌，听者明白，也都达到了效果。

委婉含蓄的表达是一种语言的艺术。委婉含蓄绝不是避重就轻无意义地兜圈子，它和单刀直入相对，它的最终目的也是要说明问题。从说明问题的角度来说，直言不讳、开门见山虽然简单明了，但有时给人的刺激性太大，容易伤害对方的自尊心，同时也有可能因为刺激到了别人又伤害到了自己，所谓祸从口出就是这个道理。

委婉含蓄的语言，是劝说他人的法宝。委婉的语言能适应人心理上的自尊感，这点被满足后，人就容易产生赞同。可以这么说，委婉含蓄的语言就是智慧、成熟的表现。另外，茅盾说："在生活中，每个人都应当是春晖，给别人以温暖。在今天，人与人之间的关系，更应该如此。朋友之间，待之以诚，肝胆相照，不就是相互照耀、相互温暖吗？"而委婉坦诚正是向对方送温暖的一种方式。

求同存异，寻求双方的共同点

人与人的谈话中，难免会有意见不一致的时候，即使意见相悖，也不要一开始就点明自己的不同观点。想要最终说服对方，最好的办法就是求同存异，寻求双方的共同点，在想要让对方信服的观点中，寻找双方都能认同的一点，由点及面，再将整个观点完整地表达出来，达到说服对方的目的。

因为人们一旦开始就说出了不同意见，后面想反悔就特别困难。因为已经把不认同都说出来了，如果再否定，岂不成了自己打自己的脸了？因此，最初的时候带领对方走入认同的方向，淡化掉他相悖的观点，是一条说服他人的捷径。但是，有些聪明的对手在开始就有了防备心理，所以不容易被说服。因为对方有了戒备心理，所以他们始终觉得“我和你不是一条船上的人”。这个时候就需要通过情感交流来达到说服目的，要想办法让对方觉得我们是“一条绳上的蚂蚱”。比如要想劝人戒毒，最好的方法就是让有过类似经历的人去劝诫。因为相似的经历让对方感觉彼此距离很近，减少了戒备之心，从而营造有利于说服对方的气氛。

小陈是一家服装专卖店的店长。这天来了一个顾客，销售员小韩首先跟进顾客，她问顾客的需求或者是主动介绍服装，顾客始终都不怎么搭理，只是说先看看。

这个时候小陈上前说：“先生，刚才听您说话好像不是本地人吧?”顾客说：“是啊，你怎么知道？虽然我不是这里的，但是来这里已经好多年了，好多人都听不出我是外地的。”小陈笑着说：“您是江苏的?”顾客说：“对啊，你连这个都可以听出来啊？真有你的。”小陈说：“我们是老乡，我也是江苏的，我是江苏盐城的，您呢?”顾客这个时候脸上笑意颇浓，说：“我是南通的，想不到在这里还碰到了老乡。”紧接着他们聊了一些家乡的事情，然后小陈还顺利卖出了一身衣服。

小韩为了销售服装采取的方式目的性太明显，而顾客有时候对她这种传统式推销有抵触心理，但是经验丰富的小陈，懂得从双方的共同点出发，找到一致的话题进行交谈，先不去考虑自己与顾客之间的不同立场，做到求同存异，把自己和顾客是老乡这个共同点作为突破口，从而机智地说服顾客，让顾客购买服装，最终达到销售的目的。如果对方对你所说的观点比较排斥，可以先从对方比较容易接受的事情开始，找到相同的话题，使对方容易接受，放平心态，让对方在不经意中渐渐被说服。

> 美国总统林肯在解放黑人奴隶的演说中，并不是一开始就表明自己的观点，而是先说一些反对者同意的观点，然后再逐渐将反对者引导到自己的观点上。
>
> 林肯说一些反对者同意的观点，让反对者自己去感受他们本身的观点，从而发现他们自身存在的缺陷，最终那些反对者就会十分信赖林肯。尽管在反对者“自我发现”的时候，通常意识上认为这就是自己的观点，但实际上却是被说服者一步步引导出来的结果。假如说服他人的时候，一开始就站在了对立面，而不是求同存异，这样双方之间的距离就会越来越远，矛盾也越来越尖锐，这样特别不利于沟通。而林肯懂得求同存异，寻求共同话题，最后成功地说服了反对者。

林肯明白，一上来直接说和反对者相悖的话，结果可能导致反对的浪潮越来越高。 因此他的演讲是先从对方相同的观点开始，然后慢慢将对方引到自己的观点上。

在开始交谈之际，先说一个双方都认同的观点，会轻松得到对方的肯定，让对方感到特别愉快，谈话的气氛也会更融洽，进而引出真正的想法，让对方接受也就容易多了。

做到求同存异，寻找出共同话题，最佳的方法就是先肯定对方，让对方认可你的同时，对方自己也处于松懈的状态。否则，会让对方抵触你的同时，自己也处于戒备状态，反而不利于说服。 但是当对方认可你的时候，因为松懈的状态，所以你更容易将自己的观点渗透到他的潜意识里。

话不投机时，要赶紧转弯

在生活中，我们总是喜欢和那些与我们有共同话题的人进行交流。但是，如果遇到一个话不投机的人，就会变得十分尴尬。因为双方无法找到可以进行交流的共同点。这时，如果及时转移话题，双方走入僵局的交流就会“起死回生”。这时，双方会因为同频信息的出现而变得相谈甚欢，双方之间的交流也会从强烈抵触变得有声有色。

然而，话不投机有多种情况。所以，我们在进行话题转移时必须因情况而异，而不要无原则地乱说。下面就是话不投机的几种常见的情况：

第一，当某种言谈使人为难，那就要及时转换话题，协调气氛。

两个青年去拜访老师，在谈话中提到：

“老师，听说您的爱人是教英语的，我们想请她指教一下，行吗？”

老师为难地沉默了片刻，说："那是我以前的爱人，前不久分手了。"

"哦？对不起，老师……"

"没什么，喝点水吧。"

"老师，您的书什么时候出版？快了吧……"

这样转换话题，特别是提出对方很愿意谈的话题，就会很快地消除刚才由于言语不慎而产生的尴尬。这样，双方的交流就会很快恢复正常，气氛也会变得活跃起来。

第二，双方意见对立谈不拢，但问题还要解决，不能回避。这种话不投机的情况就需要绕路引导。联系客户，洽谈生意，也可能话不投机，陷入僵局。只要还有余地，就可提出新的话题，绕弯引导。

例如，甲方推销四吨卡车，而乙方不要四吨的，想要两吨的。这时，甲方若硬着头皮推销，只会越谈越僵，不欢而散；如能转移话题，绕弯引导，从季节、路途、载重多少与车辆寿命长短等各种因素来促使乙方考虑只用两吨的弊病，或许能"柳暗花明又一村"，开辟新的局面。

第三，在说话过程中，当对方有意无意地触到我们心中的隐痛、忌讳或者自己不愿回答的问题时，如果一时没有好办法应答，那么，就干脆避而不答；或者沉默不语，表示无声的抗议；或者转移话题，使在场者的注意力从自己身上挪开。问话者见对方对其问题不予理睬，在尴尬的同时会很快意识到自己的鲁莽和无礼，从而不再追问。

某单位一女工结婚，在单位散发喜糖，碰巧该单位有一位尚未出嫁的大龄女青年。大家吃着糖，突然一位中年科员笑着对那位女青年说：“喂，什么时候吃你的喜糖？”大家都望着那位女青年。那位女青年脸微微一红，把脸转向邻近的一位女同事，然后指着那位女同事身上的一件款式新颖的上衣问：“咦？这件上衣什么时候买的？在哪个商场买的？”两个人便兴致勃勃地谈起了那件衣服。

在大庭广众之下问大龄女青年何时结婚确实是很不礼貌的事情。女青年碰到这个尖锐的问题时处境十分尴尬，回答不好可能会引起大家的闲话。于是她立刻把话题转移到同事的衣服上，借以回避对方的无聊问题。这样可能引发的负面能量的爆发和自身气场的萎缩都被大龄女青年巧妙地用转移话题的方式轻轻带过了。问者受到冷落，自然也认识到自己的失礼，就没有理由责怪女青年对自己的置之不理。

与他人交往时，我们经常会遇到话不投机的情况。这种情况有时是由他人造成的，有时是自己造成的。但无论起因于谁，都会导致双方交流受阻，甚至是负面对负面的碰撞。对此，我们应该学会适时地转移话题，以此让自己从尴尬中迅速摆脱出来。

应对揭短行为的说话技巧

俗话说：“打人不打脸，说人不揭短。”可见，揭短的行为在人际交往中是多么令人不待见的一种行为。但是，我们总会遇到被别人揭短的情况。无论对方是有心还是无意，其结果都使我们陷入了尴尬的境地。面对这种情况，要怎样说话才能全身而退呢？这里，主要可以分四步来实现化解尴尬，走出被人揭短的窘迫境地。

第一步：坦然承认。揭短的人最想看到的无非就是你恼羞成怒的样子。面对被揭短，这时你若是泰然自若、面不改色、坦然大方地承认对方所说的情况，会给对方的心理造成无形的打击，也会降低揭短所带来的负面影响。揭短的行为没有达到预期的效果，对方会暂时乱了阵脚，下面你就可以接着一步步地掌握主动权，化解被人揭短所带来的尴尬与窘迫。总之，先承认，再伺机转换形势。

第二步：接过话茬。在表明了自己“无所谓”的态度的同时，要趁机自然而然地接过话茬，掌握话语的主动权。接下来便可以充分发挥自己的聪明才智，向对方进行回击。

第三步：伺机补救。掌握了话语权以后，就要将话题引向对自己有利的一面，抓住机会对被揭短一事进行补救。或做适当解释，或做补充说明，总之，不仅要让他人知其然，还要使他们知其所以然。

第四步：转移话题。最后的反戈一击是应对揭短行为说话技巧的高潮部分，也是实现华丽逆转的关键一步。在前面三步的铺垫下，实时将话题引向揭你短的人一方，将语言的矛头转向他人，利用华丽的说话技巧，实现戏剧性的逆转，完美摆脱窘境。

曾任美国国家安全特别助理的基辛格博士，是一位足智多谋、善于应付任何尴尬场面的外交家。1972 年 5 月 30 日，他随尼克松总统访苏结束后，前往德黑兰作短暂停留。当天晚上，伊朗首相胡韦达邀请基辛格去看舞女帕莎表演。帕莎的高超舞艺使基辛格看得出了神，末了，他还和帕莎交谈了一阵子。

第二天，在总统的专机上，美国《纽约时报》记者马克思·弗兰克尔向基辛格打趣地说："你喜欢她吗？"

如此唐突和不怀好意的戏弄，一般人准会窘态百出，而基辛格却不假思索，一本正经地回答道："她是个迷人的姑娘，而且对外交事务有着浓厚的兴趣。"

这位记者错误地领会了他的意思，追问道："这是真的吗？"

基辛格更认真地说："那还有假？我们一起讨论了限

制战略武器的会谈。我费了好些时间向她解释怎样把SS－7导弹改装成在V级潜艇上发射……”

那位记者听到此时，才感到上了当。基辛格所谓的“向她解释”的那个问题，正是这些记者们一直追踪不放而基辛格一直守口如瓶的那个国家机密问题的名称。

事例中，基辛格先是坦然回答了记者所提出的问题，并且顺势为自己下面的言语反击埋下了伏笔。接着面对记者的追问，将话语权抢到了自己手中，在成功转移话题的同时，也对开始时记者不怀好意的问题进行了反击。不仅使自己摆脱了窘境，还给对方一个回马枪，杀了个措手不及。

生活中也是一样，当我们面临来自他人不怀好意的刻意揭短行为时，我们可以灵活地运用以上说话技巧，使自己摆脱窘境。

某影星在年轻时一直活跃在银幕上，但她在晚年的时候却日渐发胖。朋友多次邀请她一起去海滨浴场游玩，她都以各种理由推辞了。

一次，一位记者向她提出这样的问题：“您是不是因为自己太胖，怕出丑才不去海滨游泳的?”

没想到她却爽快地答道：“是的。我怕我们的空军驾驶员在天上看见我，以为他们又发现了一个新岛屿。”

所有在场的人听到后都发出了阵阵笑声，大家不自觉地鼓起掌来。

这位影星用自嘲的口吻、夸张的比喻化解了自己的尴尬，既没有被记者牵着鼻子走，又很好地活跃了招待会的气氛，同时还给大家留下了一个良好的印象，显示出自己豁达的心胸和人格魅力。

可见，揭短行为并不可怕，面临他人的揭短所带来的窘境，首先要保持冷静，坦然面对，此时若是扭扭捏捏、羞得满脸通红反倒是合了对方的心意。

另外需要说明的是，在生活中，一般那些揭你短的人大都是出于无意，而是朋友、亲人间开开玩笑。存心要通过揭短来中伤你的还是极少数。所以，对于这种情况，我们还是要尽量以轻松的内容对其进行化解，若是火药味太浓，使双方关系破裂就不太好了。

失言后，如何用话语弥补

说话是一项脑力劳动，大脑需要高负荷运转才能高谈阔论、妙语连珠。但是，人脑也有疲倦的时候。当人脑疲倦的时候，就容易出现失误，这种失误表现在说话方面，就是失言。失言并不可怕，关键是要知道如何弥补。有的人话一出口便意识到了自己的失言，但是却因慌乱而不知所措，甚至变得语无伦次，这就使自己陷入了更加尴尬的境地，还有可能引起他人的误会，造成矛盾。在意识到自己的失言时，是完全可以用话语进行弥补的。那么，怎么弥补失言呢？

失言的行为在日常工作、生活中的任何一种场合都有可能发生，而在不同场合，虽然用以弥补失言的语言有所不同，但其说话方式却是具有共性的。

首先，在意识到自己失言之后，我们立即要做的应该是为失言行为进行道歉并且对其加以纠正。毕竟人非圣贤，孰能无过，出错了并不可怕，关键是要及时改正。若是在失言后及时向听者致以真诚的歉意，并对自己之前的话加以纠正，相信他人也不会故意为难，揪住你的失误不放。所以，失言后首要选择的弥补方式便是及时道歉并纠正。

曾经，时任美国总统里根访问巴西，由于旅途疲乏加之年岁又大，在欢迎会上，他脱口说道："女士们，先生们！今天，我为能访问玻利维亚而感到非常高兴。"助理低声提醒他说错了，里根忙改口道："很抱歉，我们不久前访问过玻利维亚。"他的这个小失误，很快就淹没在了他的滔滔大论中。

里根总统在面对自己的失言时并没有自恃身份而不肯承认错误，而是对于自己讲话时的语言失误及时向听众道歉，并解释了原因，这样做不仅没有使他丢脸，或因失言带来的尴尬，反而因为总统的身份使他真诚的道歉显得更加难能可贵。

有时候，不需要把自己看得太重要，使自己背负上没必要的负担，事情没有想象中的那么严重，即使有，他们对于你在说话时的一次失言也不会刻意放在心上。所以，放开自己的束缚，失言后可以尽情地用话语去纠正，以此达到对其进行弥补的目的。

及时道歉并纠正的弥补方式还包括意会式的道歉：当意

识到自己的失言后，说：“真对不起，你看我忘了……”“真抱歉，我不知道您……”“我真该死，您看我这话说的……”等。这时并不将自己失言的具体内容说出来，而是以道歉为主，内容让对方意会，既避免了将对方忌讳的言辞说出来加深尴尬与误会，又能对我们的失言行为进行弥补。

另外，失言时以真诚与坦率赢得他人的谅解的说话方式并不是适用于所有场合所有人。对于特别爱面子或者没有立即发现自己失言的人或者客观条件不允许做出纠正的情况来说，这一说话方式就显得不那么适用了。这时候，就可以采取一错到底、将错就错的方式，置之死地而后生。这需要在有把握的情况下才可以使用。若是没有准确把握情况而贸然使用，可能会弄巧成拙，使气氛变得更加尴尬。所以，在失言后试图对其进行弥补时，要根据现场的具体情况和自己平时积累的经验选择说话方式。若是在对整体情况把握不足的条件下选择了将错就错的方式，不仅无法掩盖失言行为，甚至还可能会加重失言所造成的后果，给我们带来不必要的损失。

以上这两种方式是处理失言的主要的解决之道。处理失言的方式还有很多，例如：移花接木，就是将自己所说的失言之语巧妙地转换成另外一种意思；文字游戏，利用汉字的同声别义、一词多义等特点，对造成我们失言的词语进行巧妙地解释，从而达到弥补失误、化解尴尬的目的。

总之，人际交往中难免失言，失言后我们要积极地进行弥补，至于选择何种说话方式进行弥补还要根据具体情况和日常生活的经验、素材的积累而定。

面对挑衅，忽视并岔开话题

在人际交往中，许多话题都具有即时性，只是群体中的人随性想到的。若是在谈及这些话题的时候突然被打断或者是并没有得到足够的重视，那么这个话题则会被淹没在其他的话题中，不再被深度探讨。所以，在面对来自他人言语方面的挑衅时，忽视并岔开话题是巧妙地化解窘境、扭转局面的良策。

那么，我们具体应该如何做到忽视并岔开话题呢？下面我们将通过几个事例来加以说明。

小李结婚，在单位散发喜糖，大家都喜气洋洋地凑在一起吃喜糖。刚巧该单位有一位尚未结婚的33岁的大龄女青年小王。中年科员老孙平时跟小王有些矛盾，于是便想趁机当众奚落她一下。于是对那名女青年说："小王啊，你比人家大了有10岁吧？你还准备把自己剩到什么时候啊？别到时候成了老姑娘，就没人要了。"小王听了她的话，脸上挂不住，但马上若无其事地对老孙说道："嗯，好像是。哎，小李，你是属什么的？"小李说："我属鸡。"小王说："哦，那你老公属什么呀？我听人说过好像属鸡的和属蛇的是叫'龙凤配'……"接着大家就顺着属相问题聊到了其他的事情上面。

这位大龄未婚女青年小王在大庭广众之下被别人奚落自己嫁不出去，处境确实十分尴尬，回答得不恰当就有可能引起大家的闲话。小王采取了忽视老孙的话题并将话题转移到另外一件事情上的态度，大家也明白小王不愿意谈及这个话题，所以不再追问，于是小王就自然而然地摆脱了尴尬的处境。

小磊因为身体比较肥胖，经常被同学当作取笑的对象。一天，小磊刚走进教室，同学王亮和孙明就开始"大冬瓜、大冬瓜"地叫他了，还时不时地朝小磊露出不怀好意的笑脸。这样的行为实在是有些过分，小磊更是感到愤怒不已。但这时若是愤怒地去制止他们，定会爆发激烈的冲突，不仅会损害同学之间的关系，而且还会正中他们的下怀、合了他们的意。于是小磊稳定了一下情绪，若无其事地走了过去，走到王亮和孙明旁边的时候，故意煞有介事地说道："咦，王亮，你有一米八高吗？"随后，一边坐下一边漫不经心地问道："孙明，早上吃的什么？"全然不理会二人的无礼行为。王亮和孙明见此情况，愣了，一时竟不知如何是好，好不尴尬。这时，同学们哄堂大笑，为王亮和孙明的行为画上了句号。

小磊面对王亮和孙明的无礼嘲弄，采取了忽视并岔开话题的方式，使二人意识到自己的失礼，同时也表明了自己无视他们嘲笑的态度，使二人的嘲笑变得毫无意义。可见，有时候，忽视别人的言语挑衅行为并岔开话题，是我们摆脱窘境、化解尴尬的有效方法。

当我们说出令别人感到出乎意料的话时，他人就会瞬时进入一种思考停顿的状态。因为我们的话说得突然而没有来由，所以对方的大脑就会陷入空白。心理学的数据也显示，当出现预料之外的事件，或者他人给出意想不到的回答时，人的大脑就会处于一种无法及时应对的状态，会陷入恐慌，无所适从。

因此，化解他人对我们的言语攻击或刻意挑衅，只要适时地采用忽视并岔开话题的方式，就能很好地避开窘境。

例如，“你们竟然卖这种劣质产品给我们！叫你们老板出来！”当客户跑到店里来责难时，你跑上前对对方说：“哎呀，外面正在下雨，从车站走到这里来，一定很不容易吧？我给您倒点热咖啡吧？”对方听到如此温柔而且与自己的愤怒言辞完全无关的话语，定会稍稍冷静下来，不再怒气冲天。

在日本学生运动非常激烈的年代，经常可以看到学生批判教授的场景。许多学生聚集在讲堂周围，对教授们怒声呵斥，目的是要让对方听取自己的主张。

那时曾经有过这样一段小插曲。当大多数教授被学生们的气势所压倒，只是默不作声地低着头的时候，一位教授朝着身边大吵大嚷的学生感叹道：“年轻真好啊！”“你们看起来真是充满了青春的活力！”……既表现了自己大无畏的精神，又化解了学生们的敌意。

这位教授面对学生们的恶语相向，并没有像其他教授那样低头忍受，也没有奋起反抗，而是采用无视学生们的态度，转移话题的说话方式，使自己保有了尊严，化解了敌意。沉默是最大的蔑视，当你对对方的挑衅不做出任何相应的反应时，那么对方的恶语也就得到了最大程度的蔑视。所以，面对言语挑衅，忽视并岔开话题是使自己摆脱窘境的有效方法。

对于一些情绪激动的人来说，一旦发作起来，就很难自动平静下来，需要一定的外部条件才能使他们有所觉醒。当我们面对这样的人的时候，若是与之针锋相对，吵嚷起来，恐怕不但不会使事情得以缓解，反而会加重事态，给我们造成不必要的损失。所以，这时候，最好是能用避免冲突的和缓的方式使对方平静下来，这将会使我们在对双方造成最小伤害的情况下化解矛盾，摆脱尴尬。

总而言之，适时地将对方的言语挑衅忽视，并转移话题，会使对方在一定程度上冷静下来并意识到自己的失礼，这时候，我们的态度也得到了表明，尴尬的窘境也得到了化解，可以说是在面对挑衅时有效地扭转不友善局面的良策。

面对埋怨，不妨高抬对方

当一个人心有怨愤的时候，往往逆反心理比平常更强烈。在其诉说心中的怨愤的时候，若是遭受到批判，只会加重他心中的怨气，有点脆弱的甚至会感到孤独绝望，造成不可挽回的后果。所以，面对来自他人的埋怨时，不妨适时高抬对方，使对方感到自己被肯定、被尊重，从而化解对方的怨气，同时也避免了使自己陷入窘境。

小周的妻子什么都很好，就是虚荣心太强。有一次，小周的一位好朋友结婚，邀请小周夫妻俩出席。小周妻子就缠着小周要买一顶昂贵的花帽。此时他们家正处于“经济危机”中，小周自然不愿多花这无谓的钱。于是两人争吵了起来，小周妻子说：“你看人家小兰和小于的爱人多大方，她俩说买，二话没说就给她们买了，哪像你，小气鬼！”小周不愿跟妻子继续争论下去，转念一想，说：“那是啊，她们俩有你漂亮吗？她们俩要是有你这么美得冒泡，还用买帽子来装饰吗?”小周太太一听这话，“扑哧”一声转怒为喜，一场争吵就这样化解了。

小周面对妻子的埋怨，并没有大动肝火，理论一番，而是运用高抬对方的说话方式，让妻子的虚荣心得到了一定的满足，顺利地化解了矛盾。

他人对我们心生埋怨，大多是认为我们能力不足或做得不够好。这种时候，适当夸张地高抬对方的某些方面，让对方觉得不是我们不够好，而是对方太优秀、太好了，可以对我们摆脱窘境起到意想不到的作用。

小玲是某百货公司时装专柜的售货员，接待的顾客多了自然也免不了听到抱怨与不满。刚开始时，小玲一点就着，听到这些就尴尬万分，一肚子气，甚至有时候还给顾客甩脸子。渐渐地，顾客自然就少了。这时小玲开始反思了，认为自己的方法确实不对。于是，当再听到顾客的指责、抱怨时，小玲就换了应对的说话方式。这天，一位身材略微有些发福的中年女性来到小玲的专柜，小玲给她拿了几件衣服，试完后感到都不满意，渐渐地也有点不耐烦了，抱怨说：“唉，你们这儿就这么几件衣服吗?还是不舍得给我拿出来?”这明显是在指责小玲服务不周，小玲见状，并没有像以前那样与之针锋相对，而是说：“哪里，您可冤枉我了。我是看您气质比较高贵，就先拿出了几件比较衬您气质的，您要是不满意，我再去给您多拿些款式过来，您稍等。”

小玲面对顾客的埋怨与指责，并没有大动肝火，而是将对方抬高，说对方“气质高贵”，并以此作为自己没能让对方满意的原因，想来那位顾客不会拒绝小玲的这一评价，自然也就消了气，小玲也顺利使自己摆脱了窘境。

当人们表达他们的不满或抱怨的时候，心里已经存在一定的怒气了，这时，如果再对他们加以指责，会让他们感到更加的委屈与愤怒。对于女性来说，尤其如此。但是，若能在他人埋怨时把握时机，针对对方的优点将对方高抬，甚至略有夸张也无妨，他们便会感到自己得到了肯定，负面情绪也会随之一扫而光。

老林在市电视台工作，最近电视台策划了一项选秀节目，老林是负责人。老高是老林的好朋友，同时也是传媒界的人。老高知道老林负责的这档节目以后，对于老林没有给他个评委当当颇有怨言。一天，老高见到了老林，向老林抱怨说：“你也太不够意思了，早就跟你说过我想弄个评委当当，这么好的机会你却不安排，你什么意思啊？”老林见状，总不能直说老高没有当评委的资格吧？于是和颜悦色地说：“我怎么会忘了你呢？只是这档选秀节目太小儿科了，根本显不出档次来，你去当评委会使你在传媒界的威信受损的。放心，有好的机会我不会忘了你的。”

老林面对老高的抱怨，适时将老高身价抬高，既解决了自己的窘境，又化解了老高的怒气，维护了老朋友的友好关系。由此可见，以高抬对方的说话方式，可以很好地达到化解埋怨、摆脱窘境的目的。

夫妻之间难免有磕磕绊绊，吵架拌嘴也是常有的事。这时，面对对方的埋怨，我们可以像上述事例中的小周一样，适时将对方高抬去化解对方的怒气。本来小两口吵架就不记仇，一句夸张地将对方抬高的话，就能使彼此破涕为笑，握手言和。

顾客是“上帝”，商家在面对“上帝”的埋怨时，更得谨慎选择说话方式。将对方高抬的说话方式在奉承、取悦“上帝”的同时，也使矛盾与尴尬得到了化解，可谓一举两得。

老朋友之间，不仅坦诚相见是必需的，而且互相赞美也是少不了的，特别是在面对对方的埋怨的时候，把对方进行适当地抬高，对方即使察觉了，也并不会戳穿你的“诡计”。即使戳穿了你的“诡计”，也会谅解你的。

总而言之，面对他人的埋怨时，我们要根据具体情况来选择高抬对方的哪一方面，使对方处于一定的高度，让其得到一定的满足，从而原谅我们，达到我们摆脱窘境的目的。

幽默让你从容应付各种场合

语言作为信息传播的工具，对于我们社交之重要，正如骏马对于骑士的重要。幽默的语言还可以调节心理、愉悦身心，使你郁闷不堪的心情在沟通中烟消云散；你也可以在轻松的交谈中去安慰别人，鼓励朋友，解决矛盾，加深了解。

会说话的人总是有目的地选择话题。尽管聊天的范围不受限制，但是庸俗低级、格调低下、无意义的话题他们都不谈，搬弄是非、贬抑他人的话题更是回避，对方的忌讳和缺点从不提及。

他们从不选择挑战性的话题。因为他们知道挑战性的话题容易引起争论，弄得大家都不欢而散。他们也不会自以为是，以教训的口吻与人说话，不随便炫耀，导致别人的反感。与别人在一起聊天，他们绝不会滔滔不绝，总是使大家都有发言的机会。

不一定是在正式场合才算社交，像日常聊天这种轻松随意的交流也算作社交，一个善于言谈的人总能在看似平平的聊天中获得更多的人际关系。

社交成功的人往往离不开他那一张社交好嘴，而要说到社交口才，风趣的谈吐不得不提。幽默的语言能帮助我们与他人进行沟通和交往，还能帮助我们处理人际关系，顺利化解尴尬处境。

达尔文被邀赴宴。宴会上，他恰好和一位年轻美貌的女士并排坐在一起。

“达尔文先生”，坐在旁边的这位女士带着戏谑的口吻向科学家提出疑问，“听说你断言，人类是由猴子变来的。我也是属于你的论断之列吗？”

“那当然喽！”达尔文看了她一眼，彬彬有礼地答道，“不过，您不是由普通猴子变来的，而是由长得非常迷人的猴子变来的。”

这位美丽的女士本来要向达尔文的进化论进行质疑，因为自己的美丽导致她不愿意相信自己是由猴子变化而来。对于这位女士的疑问，达尔文没有给予刻板的理论说服，只是轻轻一句“迷人的猴子”，既夸赞了小姐的美丽也尊重了自己的研究理论。

幽默的聊天也是一种交际，其深刻的交际内涵在聪明人眼里是宝藏，在不识货的人眼里是稻草。对于如何利用聊天聊出名堂来，从而达到交际的目的，善于言谈的人有他们自己独到的方式方法。真正的社交高手就如达尔文一样，在化解他人敌意的时候还能保持自己的原则。

幽默能够帮助我们在社会交往中与人建立和谐的关系。当我们希望成为能克服障碍、具有乐观态度、赢得别人喜爱和信任的人时，它就能帮助我们达到目标。

在一次社交聚会上，一位先生很不知趣地就勃朗宁的作品向他提了许多问题，勃朗宁既看不出问题的价值，也不知道他到底用意何在，便很不耐烦，决定一走了之。于是，他很有礼貌地对那人说："请原谅，亲爱的先生，我独占了你那么多时间。"

勃朗宁在不耐烦的情况下，却依旧能够保持旷达的胸襟，一句幽默的话让自己摆脱困境。

在社交场合，由于兴趣、爱好等原因，我们的生活中产生了许多社会团体。在这些社会团体中，无论你只是其中的普通一员，或者担任委员、干事、总干事、主席，你都可以运用幽默的力量来和团体中的成员交流。

总之，幽默就相当于好的仪态举止，能使我们在各种社交场所中游刃有余，不断提升自身的睿智，进而促使自己不断地向成功迈进。

环环相扣，回话就滴水不漏

《史记》中记载了“鲁仲连义不帝秦”的故事，具备敏锐政治洞察力的鲁仲连，凭借犀利的口才达到了说服的目的。其中，他严密的推理起了至关重要的作用。

当时，赵都邯郸遭秦军围困，魏王暗地里派遣晋鄙将军援救赵国。可是魏国与赵国都惧怕强大的秦国，所以，魏国的军队就驻扎赵魏边界，不敢前行。魏王又派遣辛垣衍偷偷地潜入邯郸，想劝赵妥协并尊秦为帝。辛垣衍到了赵国后对平原君说：“秦国之所以加紧对赵国的围攻，是因为以前齐国与秦国相互逞强称帝，但后来齐、秦相继取消帝号。齐国如今已大不如从前，势力逐渐地衰弱下来，但秦国的势力逐渐壮大，凭它在诸侯中的地位已可以称雄称霸。从这些情况来看，秦国的真正目的并非想要邯郸这座城池，而是‘醉翁之意在于称帝’也。倘若，赵国能派遣使者向秦国表达尊崇之意，秦王一高兴必定放过赵国，撤去对邯郸的围攻。”平原君犹豫不决。

就在此时，鲁仲连来到了赵国。听闻秦国正在围攻赵国，且得知魏王有意让赵王奉秦王为帝，他便前去参见平原君，询问事情进展，平原君说：“以赵国现在的情况怎么还敢谈战事呢？赵国的百万大军惨败于长平一役，秦军现在乘机围攻邯郸，我们能有什么办法使他们退兵呢？魏王派辛垣衍劝说赵国尊崇秦国为帝，现在辛垣衍就在邯郸，我还有什么办法呢？”

鲁仲连说：“起初我一直认为您是天底下最贤明的贵公子，现在我很失望。魏国的客将军辛垣衍在哪里？请让我与其会面，替您斥责他的行为，使他羞愧而返。”平原君说：“那我就叫他与先生见上一面吧！”

平原君召见辛垣衍说：“齐国有位先生叫鲁仲连，他本人正在我府上，我希望把他介绍给将军您。”辛垣衍说：“早闻鲁仲连之名，他是齐国的贤德之士。我只是魏王的一个小部下，并且今日出使贵国还有要职在身，请替我谢绝鲁先生之约吧。”

平原君说：“我已经告诉他将军在此地了。”辛垣衍无奈之下，只好去与鲁仲连见面。辛垣衍见到鲁仲连后便说：“据我观察，几乎所有被围困在邯郸的人，都是有求于平原君的人，但从鲁先生的仪容相貌来看，并不像是有求于平原君的人。这是什么原因呢？”

鲁仲连反驳说：“世人皆认为周朝隐士鲍焦因为不能自我宽恕而死，其实，这些看法是不正确的，鲍焦的真正死因，并不是为了自己，而是以死来表达对社会的抗议和不满。如果秦王称帝，暴虐地统治天下，以权术驾驭臣下，奴役百姓，那么我也会像鲍焦那样赴东海死去，而不是臣服于他。我之所以要见将军，正是想帮赵国解困。”

辛垣衍非常惊异，便问道：“先生怎样才能帮助赵国呢?”鲁仲连继续说：“我将说服燕、魏二国发兵援赵，而齐国、楚国也会向赵国伸出援助之手。”辛垣衍说：“燕国帮助赵国这倒是有可能的，至于我的主君国魏国，则很难说，先生如何知道魏国一定会帮助赵国呢?”鲁仲连说：“假使魏国看到秦王称帝的害处了，就一定会出兵救赵的。”辛垣衍问：“先生认为秦国称帝有什么害处呢?”

鲁仲连借机引用典故说：“以前，齐威王曾施行仁政，带领各诸侯国去朝见周天子，那时的周朝已日落西山，各诸侯国没有谁去朝拜，齐国是唯一的朝见周室的诸侯国。后来，周烈王死了，各国诸侯都前往吊丧，齐国的使者是最后一个到的。周朝大臣非常生气，斥责齐国说：‘天子驾崩，各诸侯都前来吊唁，齐国是最后一个到的。’齐威王勃然大怒说：‘呸！你们也不过是奴婢而已。’结果这件事成为贻笑大方的谈资。齐威王之所以在周朝天子活着的时候去朝拜他，而待周王死后却判若两人甚至唾骂他，是因为受不了周室那些过分的要求。然而，这些要求也是周朝天子本就拥有的权力，这不值得大惊小怪。”

辛垣衍说：“先生应该常常见到这种情景吗？十几个

奴仆跟随一个人，难道是因为他们的力量和智商比不过主人吗？不是，那是因为他们害怕主人的权力。”鲁仲连问：“照此说来，秦魏之间的关系就是主仆关系了？”辛垣衍说：“是的。”鲁仲连接着说：“既然是这样，我有能力劝说秦王烹煮魏王并将他剁为肉泥。”

听闻此语，辛垣衍勃然大怒道：“咳！先生所说的话太过分了，您怎么能让秦王把魏王煮熟剁成肉酱呢？”鲁仲连说：“这有何难，听我慢慢道来。以前，鬼侯、鄂侯、西伯侯三个人都是纣王分封的诸侯，鬼侯之女因美貌被西伯侯做媒献与纣王，但纣王却认为该女侍候不合心意，因此，把鬼侯剁成了肉酱。鄂侯因为替鬼侯说了几句话，被纣王杀死后制成了肉干。听说这些事之后，西伯侯只是长叹了一声，纣王就把他关了100天，还想将其杀死。那么，为什么这些人最后落得如此下场呢？”

辛垣衍无奈地叹气说：“魏国不过是秦国的奴仆，赞同秦国称帝实为无奈之举啊！”

鲁仲连这番话的目的是提醒辛垣衍，讨好有野心的帝王，是不会得到好下场的。魏王讨好秦王，最终也只会与西伯侯、鬼侯、鄂侯一样沦为刀下鱼肉。

鲁仲连接着说：“夷维子跟随齐闵王去鲁国。到了鲁国，夷维子问鲁国人：‘你们准备用什么样的礼节招待我们国君呢？’鲁国人说：‘我们可以像对待十太牢一样招待齐王。’夷维子生气地说：‘你们怎么能用这样的方式招待我国国君呢？我王巡游各诸侯国，居住在各诸侯王的寝宫，各诸侯还要交出钥匙，自己带着衣服、捧着几案，在堂下伺候我王吃饭。一直待我王用膳完毕，各诸侯才能退去处理其他政务。’鲁国人听完夷维子这番话后，立刻紧闭大门，阻止他们前行。齐王没能进入鲁国，于是他想到邹国去吊唁刚死去的邹国国君，要求邹国以天子规格接待他。邹国上下都不同意齐王的要求，并威胁说，如果那样他们将伏剑自杀。”稍作停顿，鲁仲连又说道，“邹鲁两国的大臣，都很贫穷，生无厚禄，死后薄葬。齐闵王还想在他们面前实行天子之礼，自然受到冷遇，吃闭门羹。如今秦魏都兵强马壮，彼此都有称王的名分，秦国仅仅打了一次胜仗，就要称帝，由此看来，赵国、韩国、魏国的大臣还不如邹、鲁二国的臣子啊！再说秦王的野心日益膨胀，一旦称帝成霸业，势必会变更各诸侯国的臣子，将他认为没有能力的人替换下去，把职权授予他认为有才能的人，也就是他最亲近的人。秦王亲近的人又将把自己的子女和善说坏话的小妾，许配给各诸侯充当妃姬，这些人日夜在魏王面前谗毁。这样一来，魏王的皇宫里能安静下来吗？而将军您有什么方法来保障自己的安全和地位呢？”

通过缜密的逻辑和无懈可击的推理，鲁仲连成功地使辛垣衍接受了利害之辨。

猛然惊醒的辛垣衍对鲁仲连十分感激，给鲁仲连行过礼后说：“起初我认为先生只是一个平凡人，现在我才发现先生足智多谋、目光深远！请让我返回魏国，我向您发誓，我再也不提尊秦为帝的事了。”

听说此事后，秦将只好退兵观望。

鲁仲连此番宏论可谓一举两得，使辛垣衍佩服得五体投地，既揭穿了秦国称帝的阴谋，又劝退了魏国的说客。

从整个精彩的劝说过程中，我们不难看出鲁仲连所使用的说服方式。用具体实例，推及魏国与秦国间的关系，借以唤醒妥协者们的警惕和抵抗。在推理过程中，言辞激烈、逻辑缜密，既摆事实又讲道理。在大量的事实面前，辛垣衍再也无话可说，只有钦佩和感激。

古代还有很多说客的成功故事值得我们借鉴。应用推理方法、用事实说话，只是说服别人的方法之一。要想使自己的口才达到炉火纯青的地步，应该以古人为师，将说服他人的方法真正领悟于心。

学会简洁有力地回应傲慢的人

在交谈的过程中，我们常会碰到一些傲慢的人，他们往往居高自傲、傲慢无礼、目中无人，认为自己比别人高一等；甚至在言谈中常常露出颐指气使的态度，仿佛其他人天生就是该仰视他们的人；他们在和别人说话的时候常常表现出一副唯我独尊的姿态，不容许他人说一句质疑他们的话。面对这样的人，我们该做出怎样的回应呢？

面对这样的人，我们要掌握一个交谈的撒手锏——以简洁有力的语言回敬其傲慢无礼。当傲慢的人说出几句他的高谈阔论时，我们只需回答一句，但务求言之有物、一语中的；他们傲慢无礼，我们就回以沉着冷静。

高菲这天早上做了足足半个小时的心理准备。因为她听朋友说自己今天要面试的这家世界500强企业的人力资源经理十分傲慢，不禁有些紧张。她不停地告诉自己，要不卑不亢、沉着应对、展现自信。

今天一共有12名面试者，高菲手中的号码牌是最后一张，12号。当等得口干舌燥的高菲走进面试室的时候，发现面试官正斜靠着椅子在喝水。更过分的是，面试官明明听见她敲门进来、打了招呼，却没有一声应答，也没有停下喝水，只是抬眼瞟了高菲一眼。

面试官露出一种面试完11名候选人的疲惫和不耐烦的神情，用懒洋洋的声音说道："做个自我介绍吧。"他的语调中充满了优越感和傲慢。

高菲一下子被激怒了，她与很多著名企业的人力资源部经理面对面谈过话，面试经验也算丰富了，可此刻她感觉自己一股热血冲上头脑，这么傲慢的领导自己还是第一次遇到。高菲此时有一肚子的话要指责这位面试官，有一连串的诘问可以用来回击。

但是，她让自己冷静下来，说道："我想作为一名世界500强企业的人力资源部经理，坐直了与面试者说话是起码的尊重和礼貌。"此话一出，虽然觉得自己面试无望了，但还是冷静地直视着面试官。

没想到面试官不但放下了手中的矿泉水瓶，坐直了身体，而且忽然微笑着向高菲点头："恭喜你，高菲小姐，你是我们今天第一个通过面试的候选人。"

原来，这家公司正在试验"压力面试法"，设计出傲慢无礼的这一幕，来考察面试者能否突破心理压力，敢于指出面试官的无理傲慢。

结果高菲用她的简洁有力的话语回应对方，向面试官展示了自己的自信和沉着，最后轻松通过了面试，如愿以偿地成为这家世界500强公司的一员。

高菲的故事告诉我们，说话应该简洁有力才行。很多情况下，要想让对方更加认同你说的话，最好少和他啰唆，所谓“多说无益”正是如此。

有些企业还采用“几分钟录像”的办法来选择人才。所谓几分钟录像，就是只给应聘者几分钟的时间，让他们利用这短暂的时间来介绍自己，同时录像，然后拿给招聘者观看。这种自我介绍比较难，因为没有任何问题作为你谈话的引导和提示。如果招聘单位使用“几分钟录像”的方法录用人员，那么求职者在几分钟的时间里，如何充分地表现，如何更多、更好地让对方了解自己便成了求职成败的关键所在。因而，要求应聘者必须在短短的几分钟内最有效、最充分而又最简洁地表现自己，从而成功求职。

然而，在现实生活中，有些人叙述一件事情，为了卖弄才华，极力地修饰他们的语句，用重复的形容词，或用修辞手法，或穿插些歇后语、俏皮话，甚至引用经典、名人语录，使别人往往摸不清其在说些什么。还有些人在说话时，喜欢东拉西扯，缺少组织性和系统性，也使人有不知所云的感觉。如果你要提升自己的影响力，只要在说话时说得简洁扼要就行了。在话未说出口时，先打好一个腹稿，然后再按照秩序一一说出来。

具有影响力的幽默大师林语堂曾戏称：演讲要像女人的裙子，越短越好。不仅演讲如此，说话也是一样，简洁的话语常能让人有意犹未尽、余音绕梁之感。冗长而又索然无味的说话，不但无趣，还会让人觉得像老太婆的裹脚布，又臭又长，使听者昏昏欲睡。

正所谓少即是多，短即是美。简洁为上策！如果你花很长的时间才说到重点，更有甚者，讲到不知所云，即使听众尽力保持礼貌，眼神也会开始涣散。我们应该从伟大的沟通者身上多多学习。少说一点，听众就会多了解一点。当你真正做到简洁扼要，你的讯息就会显得意味深长。简单，让你所讲的内容更显珍贵，更加能够提升你的个人魅力，让你在生活和工作中更受欢迎。